WENN DIE ERDE BEBT!

GESCHRIEBEN VON ROBIN JACOBS
ILLUSTRIERT VON SOPHIE WILLIAMS

INHALT

EINLEITUNG

Wir Menschen betrachten die Beherrschung der Erde als selbstverständlich. Um unsere Pflanzen anzubauen, unsere Tiere zu füttern, unsere Autos anzutreiben und die Millionen von Produkten herzustellen, die Teil unseres Lebensstils geworden sind, greifen wir auf die Ressourcen der Erde zurück. Aber hin und wieder erinnert uns der Planet daran, wer hier der Boss ist. Der Boden unter unseren Füßen bebt und reißt sogar auf. Große Wellen oder Stürme treffen auf unsere schönen Strände und lassen nichts als Schutt zurück. Vulkane, die Tausende von Jahren wie harmlose Berge aussahen, spucken auf einmal flüssiges Gestein aus.

Bricht ein Vulkan tief unter dem Meer aus, gilt das noch nicht als Naturkatastrophe, sondern als Naturereignis. Damit wir von einer Katastrophe sprechen, müssen Menschen sterben, Häuser beschädigt und Orte zerstört werden. Oft sind die Menschen, die am stärksten von Naturkatastrophen betroffen sind, die Ärmsten: Diejenigen, die keine andere Wahl haben, als in baufälligen Häusern in Gefahrenzonen zu leben. Oder diejenigen, die es sich nicht leisten können, sauberes Wasser zu kaufen, wenn ihre Wasserquelle verseucht oder ausgetrocknet ist. Wenn in armen Ländern Straßen oder Brücken zerstört werden, dauert es oft viele Jahre oder sogar Jahrzehnte, bis die Schäden beseitigt sind.

Aber es sind nicht nur Menschen von Naturkatastrophen betroffen. Ausgelaugte Böden und verseuchtes Wasser, verbrannte Wälder und ansteigende Meeresspiegel können sich stark auf die Ökosysteme auswirken.

Naturkatastrophen werden durch den Klimawandel immer häufiger und extremer (Seite 90). Und ist es nicht unfair, dass die Menschen, die am meisten unter den Folgen der Erderwärmung leiden, am wenigsten für den Klimawandel verantwortlich sind?
Pro Jahr kann es 200 bis 300 große Katastrophen geben. Mit modernen Technologien können Wissenschaftlerinnen und Wissenschaftler Schneestürme, Wirbelstürme und andere wetterbedingte Katastrophen vorhersagen. Die Bevölkerung kann dann in Sicherheit gebracht werden oder sich vorbereiten. Bei Erdbeben, Tsunamis, Vulkanausbrüchen oder Waldbränden ist die Vorwarnzeit jedoch sehr kurz, und die Folgen können entsetzlich sein.

Katastrophen zeigen die enorme Macht der Natur. Mit ihrer unglaublichen Kraft macht sie uns bewusst, wie klein und wehrlos wir sind. Und sie ermahnen uns, dass wir unseren besonderen Planeten immer respektieren und schützen müssen.

GEO-
LOGISCHE
KATASTROPHEN

Die äußere Schicht der Erde (Lithosphäre) besteht aus großen Gesteinsplatten. Diese sogenannten tektonischen Platten schwimmen auf einer dicken Schicht aus geschmolzenem Gestein, dem Magma. Wir erleben im Alltag den Boden unter unseren Füßen als fest, sicher und zuverlässig. Tatsächlich aber sind die tektonischen Platten in ständiger Bewegung und passen sich dem Fluss des Magmas unter ihnen an.

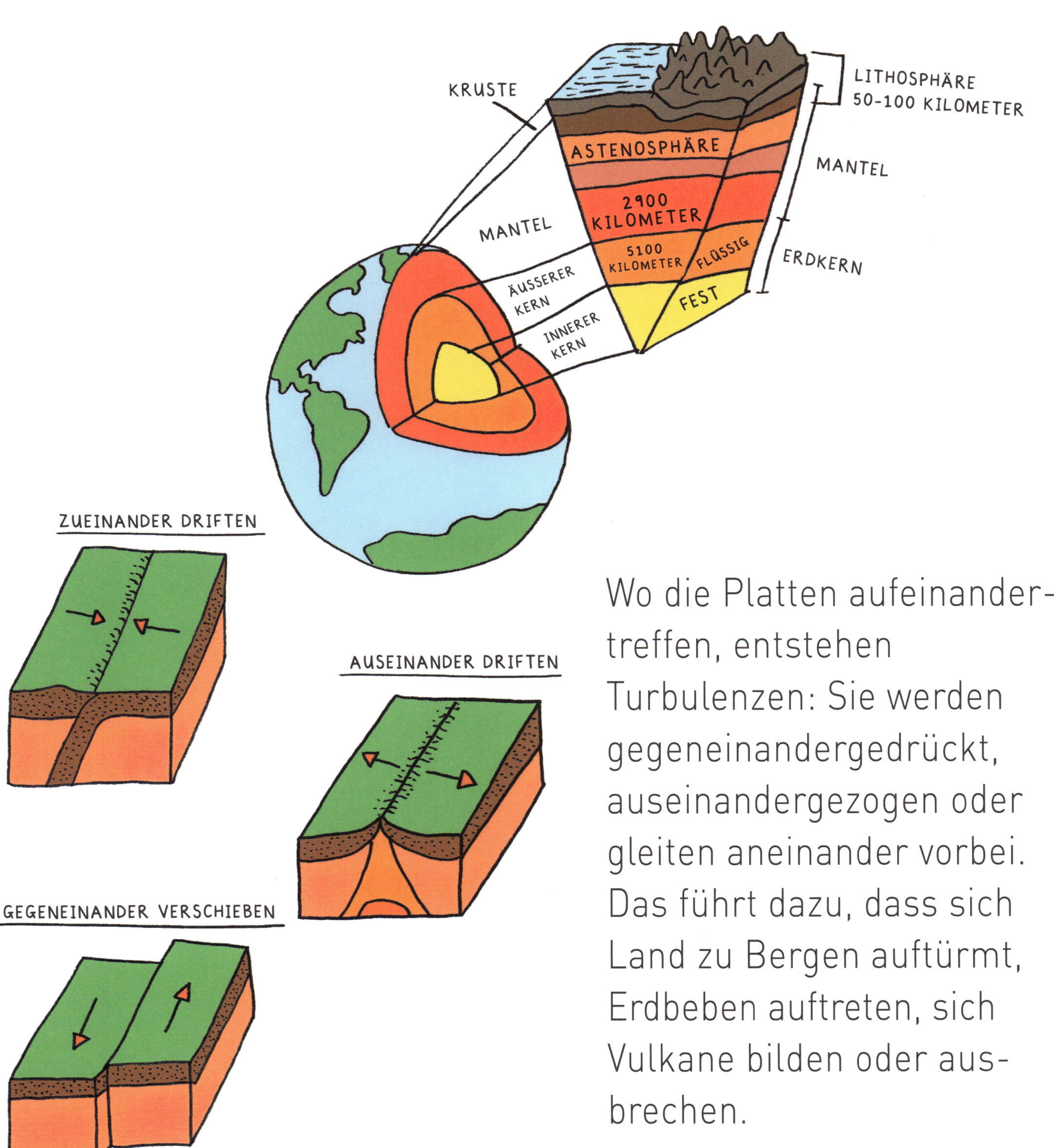

Wo die Platten aufeinandertreffen, entstehen Turbulenzen: Sie werden gegeneinandergedrückt, auseinandergezogen oder gleiten aneinander vorbei. Das führt dazu, dass sich Land zu Bergen auftürmt, Erdbeben auftreten, sich Vulkane bilden oder ausbrechen.

KARTE DER TEKTONISCHEN PLATTEN

EURASISCHE PLATTE
ARABISCHE PLATTE
INDISCHE PLATTE
PHILIPPINISCHE PLATTE
AFRIKANISCHE PLATTE
AUSTRALISCHE PLATTE
ANTARKTISCHE PLATTE

ERDBEBEN

Die Zone, wo zwei tektonische Platten aufeinandertreffen, nennt man Verwerfung. Wenn die Platten gegeneinanderstoßen, baut sich Druck entlang der Verwerfung auf. So lange, bis die Platten schließlich verrutschen und ein Erdbeben entsteht.

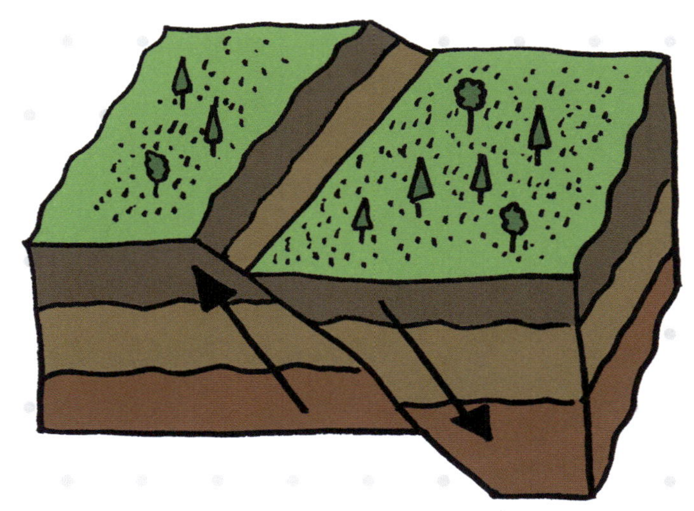

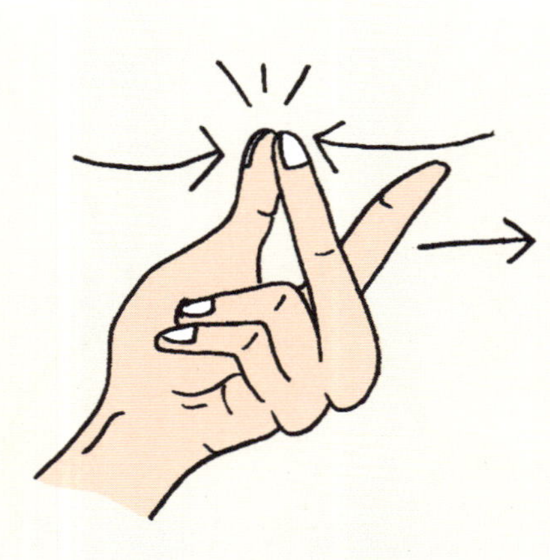

Es ist ein bisschen wie beim Fingerschnipsen. Du drückst die Finger gleichzeitig zusammen und seitlich auseinander. Reibung hält sie erst davon ab, sich zu bewegen. Dann plötzlich überwiegt die Kraft des seitlichen Drucks: Die Finger bewegen sich und Energie wird in Form von Schallwellen freigesetzt.

Das Gleiche passiert bei einem Erdbeben. Die tektonischen Platten drücken gegeneinander, während sie versuchen, sich aneinander vorbei zu bewegen. Auf einmal rutschen sie und setzen Energie in Form von seismischen Wellen (Erdbebenwellen) frei. Die bewegen sich durch das Gestein und bringen die Erde zum Beben.

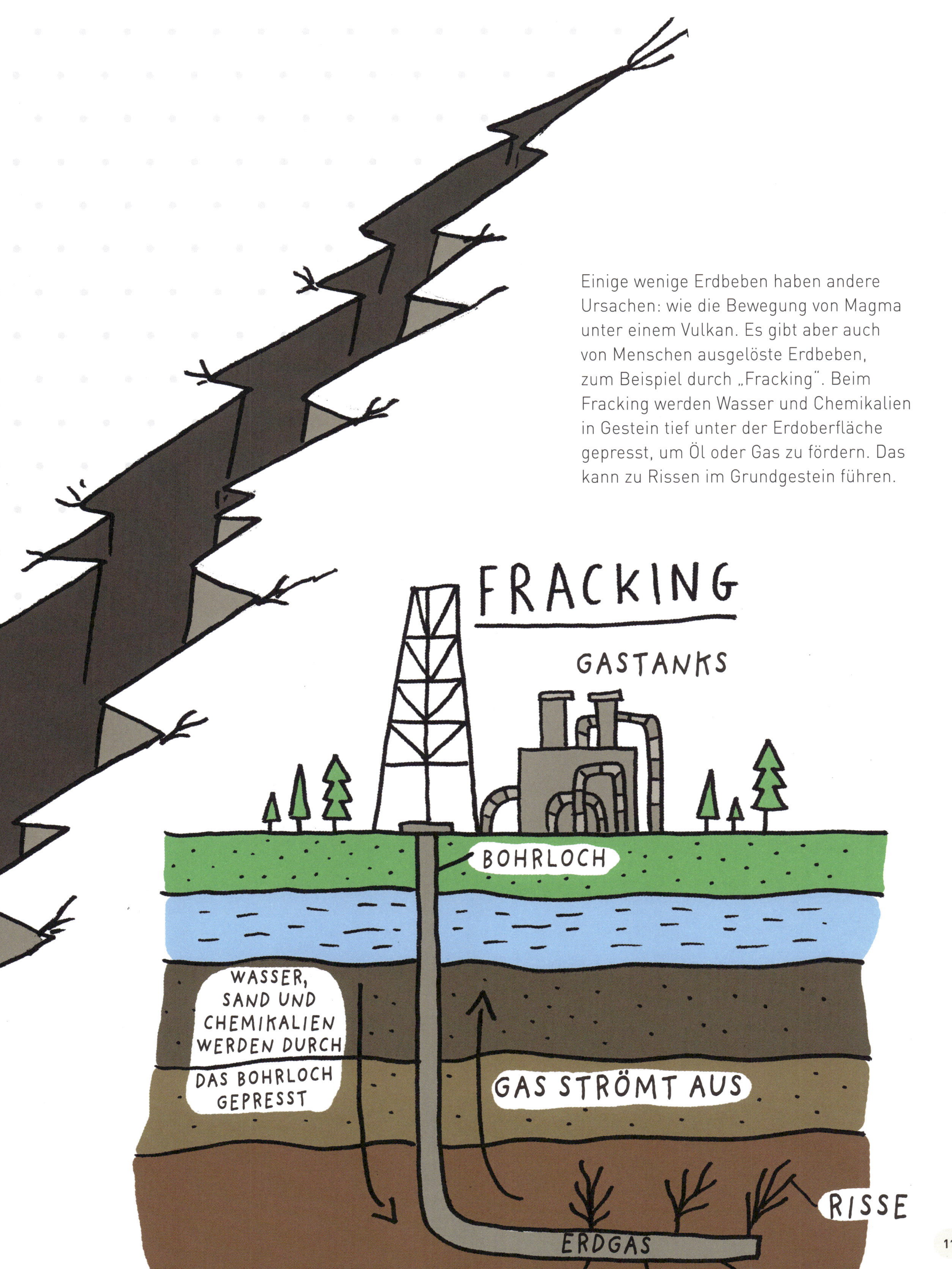

Einige wenige Erdbeben haben andere Ursachen: wie die Bewegung von Magma unter einem Vulkan. Es gibt aber auch von Menschen ausgelöste Erdbeben, zum Beispiel durch „Fracking". Beim Fracking werden Wasser und Chemikalien in Gestein tief unter der Erdoberfläche gepresst, um Öl oder Gas zu fördern. Das kann zu Rissen im Grundgestein führen.

ERDBEBEN-MYTHEN

In der indischen Mythologie wird die Erde von acht Elefanten getragen, die auf einer Schildkröte balancieren, die auf einer zusammengerollten Schlange steht. Bewegt sich eines der Tiere, kommt es zum Erdbeben.

Im antiken Griechenland glaubten die Menschen, dass der Gott des Meeres, „Erderschütterer" Poseidon, Erdbeben verursachte, wenn er wütend seinen Dreizack in die Erde rammte.

In der japanischen Mythologie heißt es, dass Erdbeben von einem riesigen, unterirdisch lebenden Wels namens Namazu ausgelöst werden. Namazu wird von dem Gott Kashima in Schach gehalten. Sobald Kashima wegschaut, bringt Namazu die Erde zum Beben.

ERDBEBEN-FAKTEN

Jährlich ereignen sich etwa 500.000 messbare Erdbeben. Allein in Japan gibt es jedes Jahr mindestens 1500 – etwa 2 oder 3 pro Tag! Die meisten davon sind so schwach, dass sie niemand spürt.

Etwa 100 Erdbeben pro Jahr sind stark genug, um Schäden an Gebäuden zu verursachen. Erdbeben mit einer Stärke von 8 und mehr (Seite 15) treten etwa einmal pro Jahr auf. 80 Prozent der stärksten Erdbeben der Welt ereignen sich im „Feuerring": dem hufeisenförmigen Gürtel um die Ränder der Pazifischen Platte (Seite 29).

Die meisten Erdbeben dauern etwa 1 Minute. Das längste aufgezeichnete Erdbeben dauerte 10 Minuten.

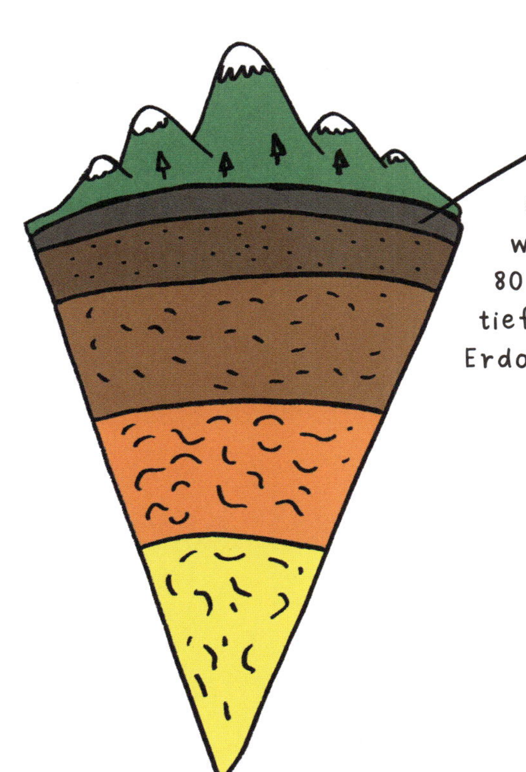

Vor und nach großen Erdbeben kommt es häufig zu kleineren Beben: den Vorbeben und Nachbeben. Nachbeben sind unvorhersehbar und besonders gefährlich. Denn sie können Gebäude zum Einsturz bringen, die schon durch das Hauptbeben beschädigt wurden, oder Schlammlawinen und Erdrutsche auslösen.

MESSUNG VON ERDBEBEN

Bei einem Erdbeben breiten sich „seismische Wellen“ durch den Boden aus. Seismologen sind Menschen, die Erdbeben untersuchen.

Die seismischen Wellen gehen von einem „Erdbebenherd“ aus. Das ist der Punkt unter der Erdoberfläche, an dem das Erdbeben beginnt. „Epizentrum“ heißt das Gebiet, das über diesem Punkt auf der Erdoberfläche liegt. Die schwersten Schäden treten im und um das Epizentrum auf.

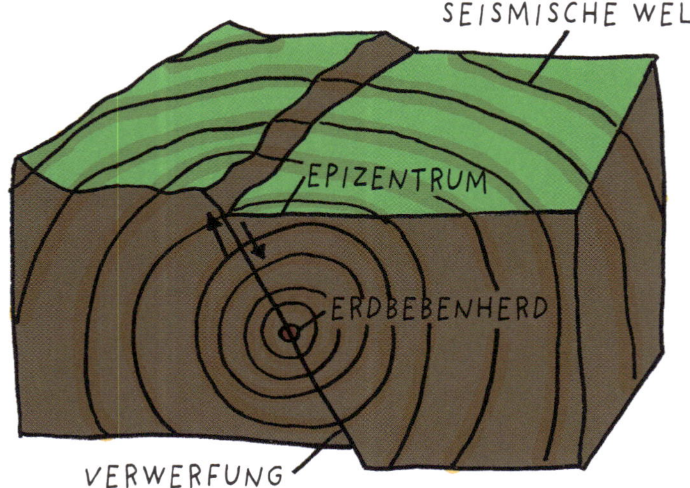

Ein Seismograph zeichnet die Bodenerschütterungen durch ein Erdbeben auf. Dadurch können Wissenschaftlerinnen und Wissenschaftler die Stärke des Bebens messen.

Auf der Richterskala werden Erdbeben anhand der freigesetzten Energie gemessen. Die Moment-Magnituden-Skala (MMS) funktioniert ähnlich, misst aber die Intensität des Erdbebens. Die MMS ist genauer als die Richterskala und wird meist zur Messung großer Erdbeben verwendet.

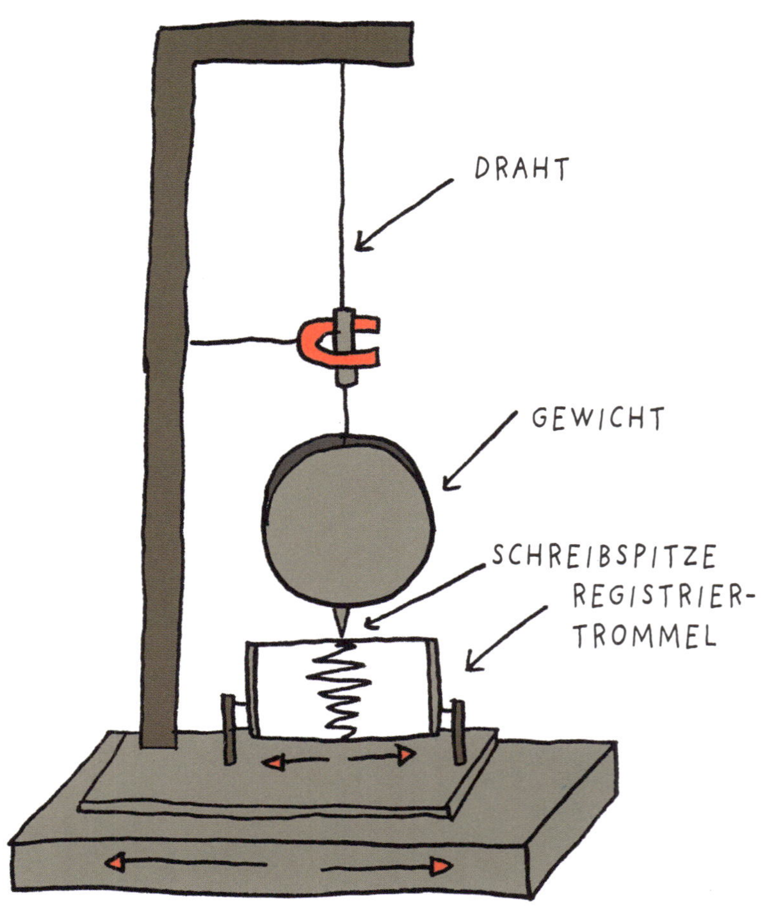

MOMENT-MAGNITUDEN-SKALA

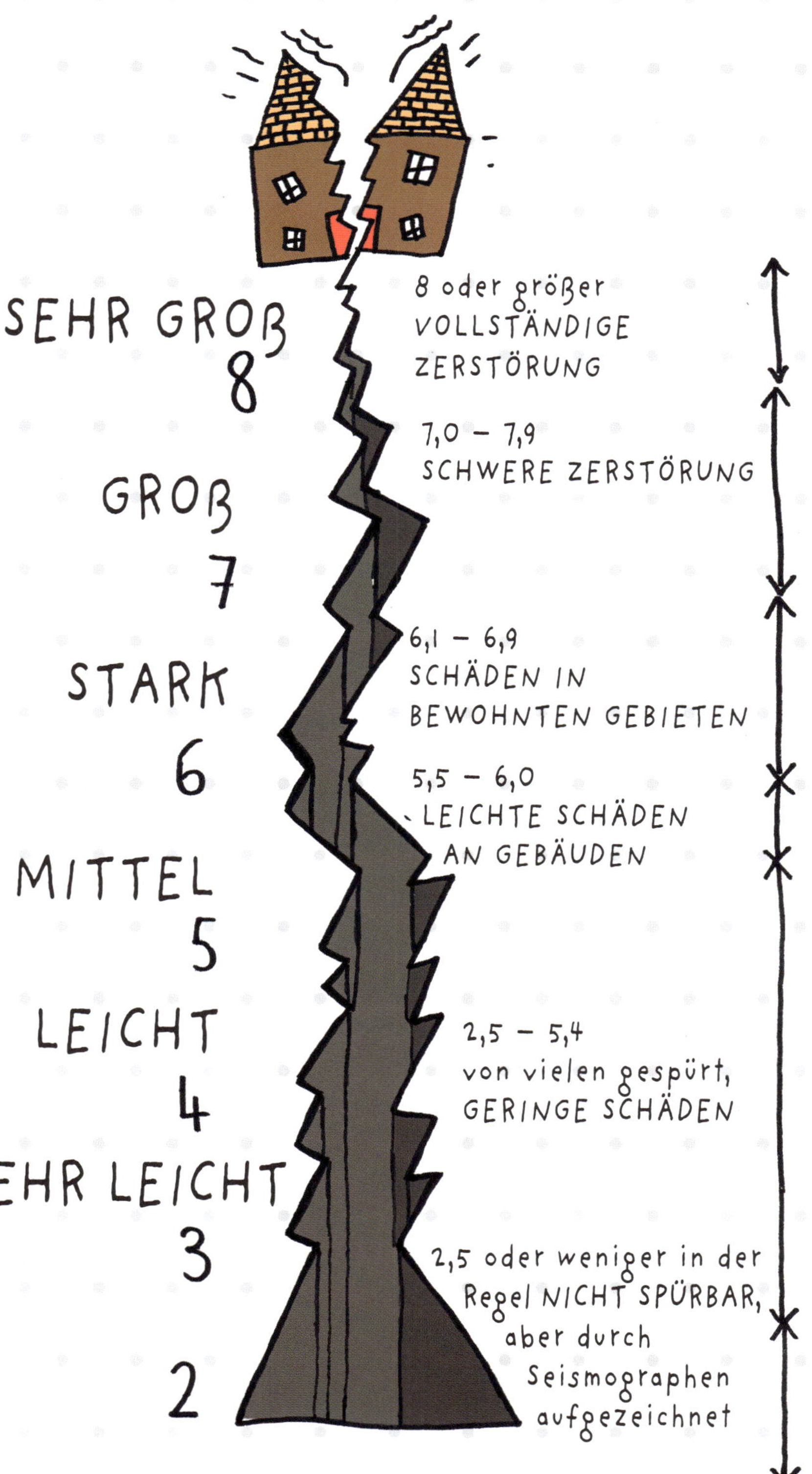

DAS TUST DU BEI EINEM ERDBEBEN

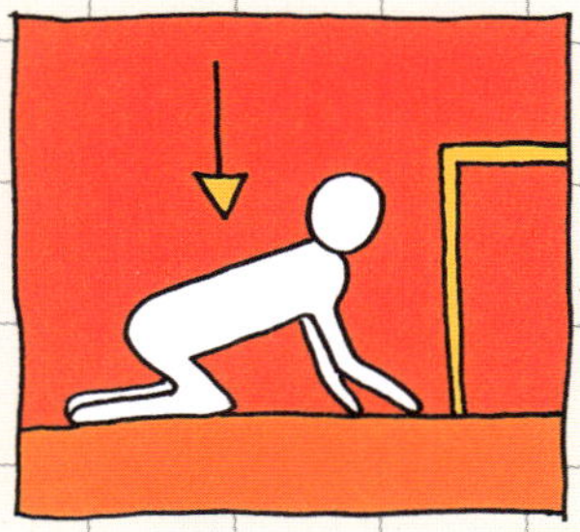

RUNTER!

In Gebäuden: Suche Schutz unter einem Tisch. Halte dich an ihm fest. Wenn er sich bewegt, beweg dich mit ihm. Bleib weg von Fenstern, hängenden Gegenständen oder hohen, schweren Möbeln.

KOPF SCHÜTZEN!

Im Freien: Halte dich von hohen Gebäuden, Straßenlaternen und Stromleitungen fern.

FESTHALTEN!

Wenn das Beben aufhört, geh zum Ausgang. Nimm niemals den Aufzug, sondern immer die Treppe. Rechne mit möglichen Nachbeben.

AUSWIRKUNGEN VON ERDBEBEN

Es gibt fast keine Vorwarnung vor Erdbeben. Wissenschaftler können nur die Wahrscheinlichkeit eines Erdbebens vorhersagen, aber nicht das tatsächliche Beben. Deshalb können die Auswirkungen schrecklich sein.

RISSE IM ERDBODEN
Erdbeben können große Veränderungen des Bodens bewirken. Entlang von Verwerfungslinien kann sich das Land stark heben oder senken. Oder es entstehen lange Risse im Erdboden.

ZERSTÖRUNG
Ein starkes Erdbeben verursacht große Schäden an Gebäuden, Straßen und Brücken. Das Ausmaß der Schäden hängt von der Art der Konstruktion ab. Im Jahr 1909 brachte ein Erdbeben in der Region Messina in Italien fast alle Gebäude in den Städten und Orten zum Einsturz. Mehr als 100.000 Menschen starben. Bei einem noch stärkeren Erdbeben 1906 in der Stadt San Francisco, USA, kamen „nur" 700 Menschen zu Tode, weil die Gebäude stabiler waren.

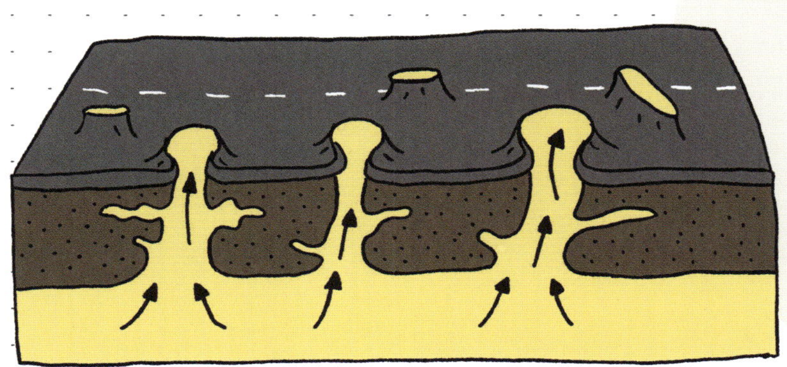

BODENVERFLÜSSIGUNG
Erdbeben können dazu führen, dass das Grundwasser ansteigt und sich mit dem darüberliegenden Boden vermischt. Fester Boden verwandelt sich in eine Art Treibsand, sodass Gebäude sinken oder umkippen können. Dieser Effekt heißt Bodenverflüssigung (Liquefaktion).

BRÄNDE sind nach Erdbeben häufig. Das liegt an zerstörten Strom- und Gasleitungen. Durch gebrochene Dämme können Überschwemmungen entstehen.

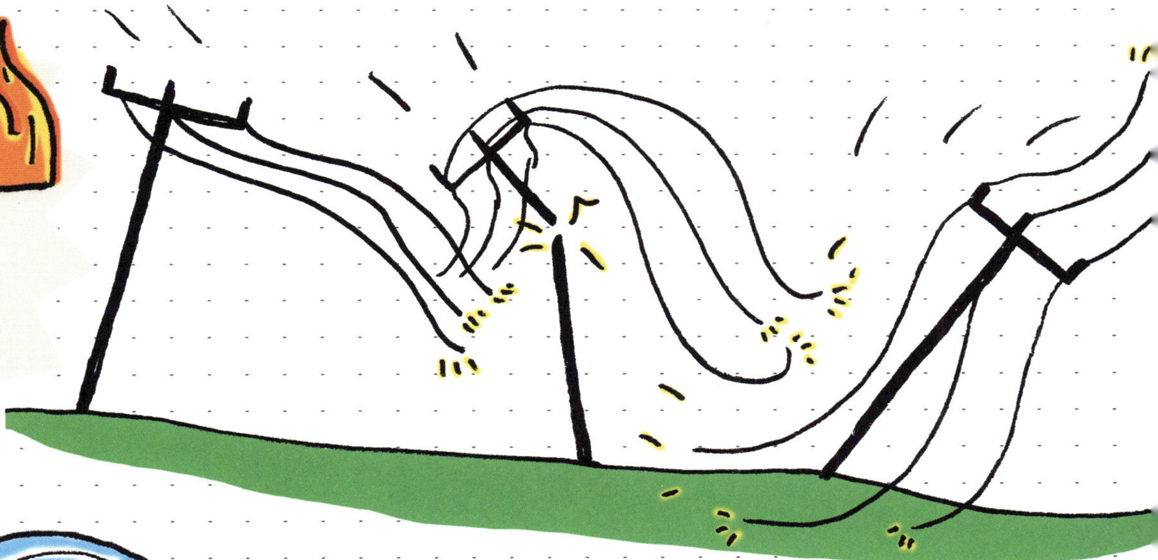

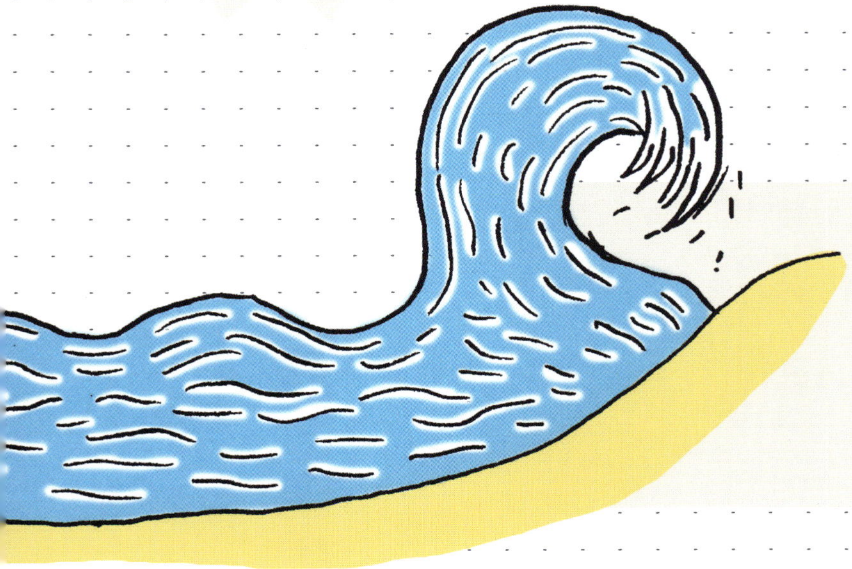

TSUNAMIS können nach Erdbeben im Ozeanboden entstehen. Diese riesigen Wellen haben eine enorme Zerstörungskraft (Seite 20–27).

DIE STÄRKSTEN UND DIE SCHLIMMSTEN

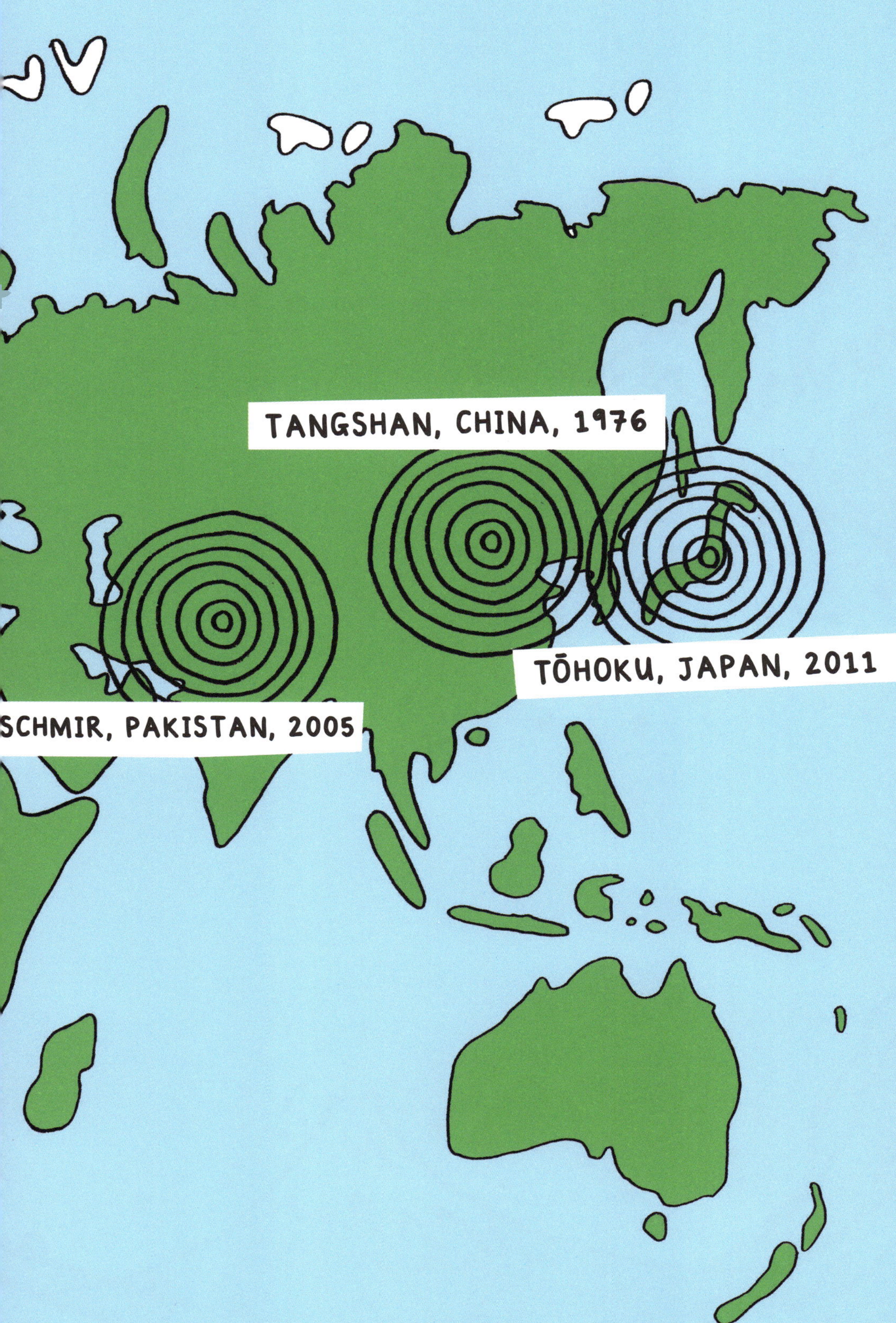

Valdivia, Chile / 22. Mai 1960

Mit einer Stärke von 9,5 das stärkste jemals aufgezeichnete Erdbeben. Es verursachte große Schäden und löste Erdrutsche, Überschwemmungen und Tsunamis aus. 4000 Menschen starben.

Tōhoku, Japan / 11. März 2011

Das Erdbeben der Stärke 9 vor der Küste Japans verursachte den Einsturz von 121.000 Gebäuden, darunter ein Kernkraftwerk. Es war so gewaltig, dass es die Hauptinsel Japans um 2,4 Meter nach Osten verschob.

Alaska, USA / 27. März 1964

Mit einer Stärke von 9,2 das zweitstärkste jemals aufgezeichnete Erdbeben. Es forderte aber „nur" 125 Tote, da das Gebiet dünn besiedelt ist.

Region Kaschmir, Pakistan, Indien, Afghanistan / 8. Oktober 2005

Das Beben der Stärke 7,6 traf eine arme, dicht besiedelte Region und führte zum Tod von 80.000 Menschen.

Tangshan, China / 28. Juli 1976

Dieses Erdbeben der Stärke 7,6 zerstörte die Stadt Tangshan fast vollständig. 85 Prozent der Gebäude, Straßen und Brücken wurden zerstört und mindestens 242.000 Menschen kamen ums Leben.

TSUNAMIS

Tsunamis sind riesige Wellen, die über den Ozean rasen. Sie verursachen schreckliche Schäden, wenn sie die Küste erreichen. Tsunami bedeutet auf Japanisch „Hafenwelle".

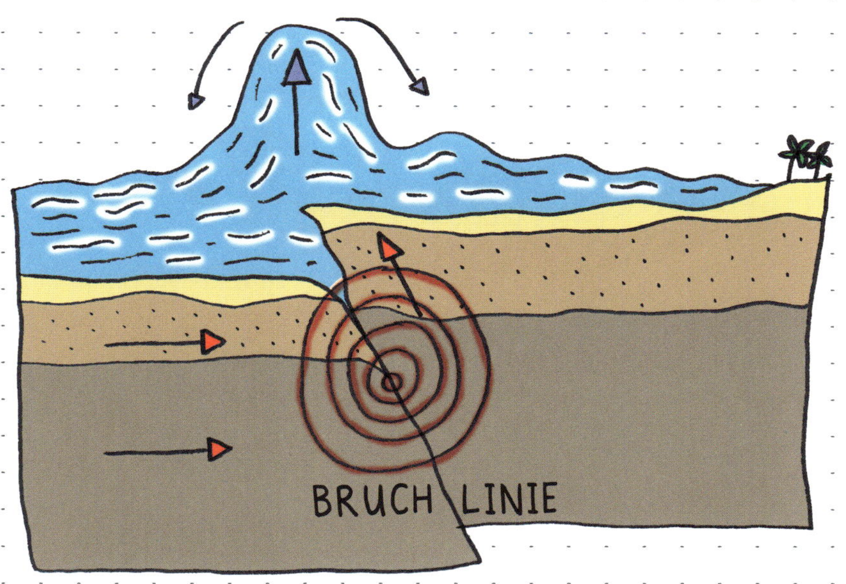

WIE ENTSTEHT EIN TSUNAMI?

Erdbeben unter Wasser – manchmal aber auch Vulkanausbrüche, Erdrutsche oder Meteoriten – lösen eine Wasserverschiebung aus. Und die erzeugt einen Tsunami.

Wenn ein Erdbeben den Meeresboden anhebt oder absenkt, hebt sich das Wasser darüber in riesigen Wellen.

Die Wellen kräuseln sich von dem Punkt der Wasserverschiebung aus. Sie sind bis zu 600 Kilometer lang, aber nur 30 bis 60 Zentimeter hoch. Dadurch sind sie sehr schwer zu erkennen. Ein Mensch, der auf einer Tsunami-Welle weit draußen im Meer segelt, nimmt nur ein sanftes Ansteigen und Abfallen wahr.

Die Wellen rasen mit 800 Kilometern in der Stunde – so schnell wie ein Düsenflugzeug – auf die Küste zu! Dort führt die Reibung mit dem Meeresboden dazu, dass sich ihre Länge verkürzt und ihre Höhe schnell zunimmt. In nur 10 Minuten kann das Wasser an der Küste bis zu 35 Meter hoch ansteigen.

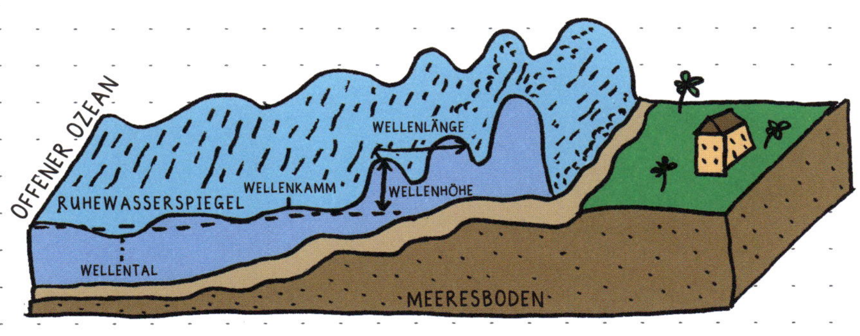

WAS GESCHIEHT?

Bei einem Tsunami entsteht zuerst ein Vakuumeffekt, durch den sich das Wasser urplötzlich vom Ufer zurückzieht. Dadurch liegen dort sämtliche Meerestiere auf dem trockenen Meeresboden.

Wenig später rast eine riesige Wasserwand mit einer Geschwindigkeit von 150 Kilometern pro Stunde auf die Küste zu. Sie entwurzelt Bäume, reißt Gebäude um und spült manchmal ganze Küstenstädte weg.

Nach der ersten Welle gibt es oft weitere Wellen. Manchmal vergehen nur einige Minuten, manchmal 1 Stunde bis zur nächsten Welle.

TSUNAMI-AUSWIRKUNGEN

Tsunamis richten gleich zweifach Schaden an: wenn sie auftreffen und wenn sie wieder abfließen.

Bei einem großen Tsunami prallt eine hohe Wasserwand auf die Küstengebiete. Die nachfolgende gewaltige Flutwelle zerstört alles bei ihrem Vordringen ins Landesinnere. Häuser, Autos, Bäume und Stromleitungen können weggeschwemmt werden. Besonders in ärmeren Ländern mit wenig stabilen Gebäuden sind die Schäden katastrophal.

Tsunamis schädigen oft die Umwelt. Meerwasser kann Flüsse und Seen versalzen und Wildtiere töten. Giftige Stoffe werden freigesetzt, mitgeschwemmt und verseuchen den Boden. Schäden am Trink- und Abwassersystem führen zu einem Mangel an sauberem Trinkwasser. Dann verbreiten sich Krankheiten wie Cholera. Stehendes Wasser ruft durch Mücken übertragene Krankheiten wie Malaria hervor.

TSUNAMI-FAKTEN

Etwa 80 Prozent der Tsunamis ereignen sich im Pazifischen Ozean. Japan und Indonesien sind besonders gefährdet. Auftreten können sie jedoch auch in Europa und im Mittelmeer. Es kann auch Meteotsunamis geben, die aber nicht durch Erdbeben ausgelöst werden.

Tsunamis werden manchmal als Flutwellen bezeichnet. Tatsächlich haben sie aber nichts mit den Gezeiten zu tun, daher ist diese Bezeichnung irreführend.

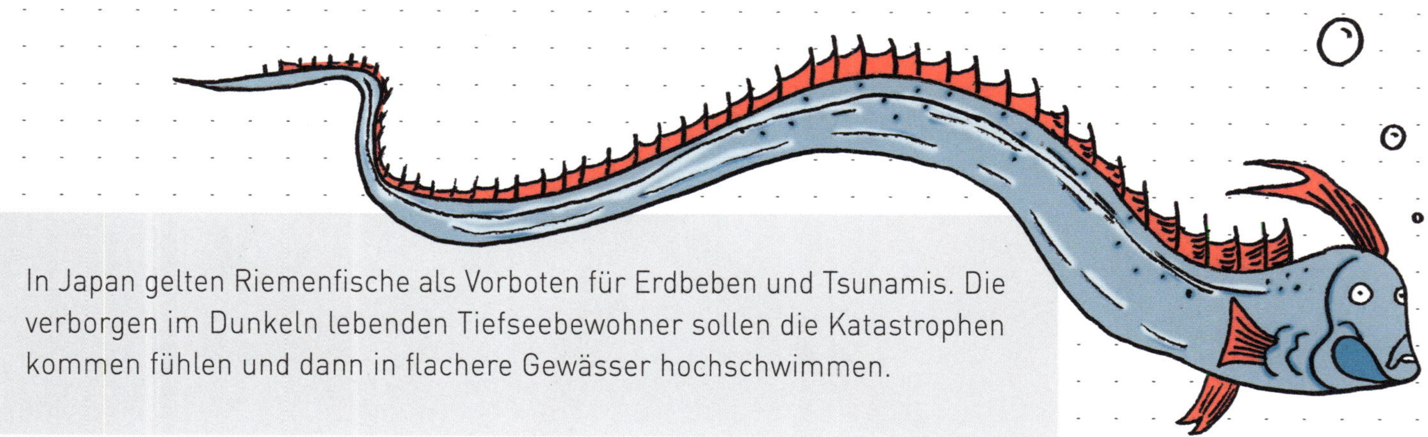

In Japan gelten Riemenfische als Vorboten für Erdbeben und Tsunamis. Die verborgen im Dunkeln lebenden Tiefseebewohner sollen die Katastrophen kommen fühlen und dann in flachere Gewässer hochschwimmen.

Tsunamis werden noch erforscht. Man weiß nicht, warum manche Erdbeben Tsunamis auslösen und andere nicht. Das macht es schwer, einen Tsunami sicher vorherzusagen.

Wissenschaftler beobachten den Meeresspiegel und messen die Temperatur und den Druck des Meerwassers. Veränderungen können auf einen Tsunami hindeuten. Allerdings gibt es oft nur eine sehr kurze Vorwarnzeit. Seit 1850 sind schätzungsweise 430.000 Menschen bei Tsunamis ums Leben gekommen.

DAS TUST DU BEI EINEM TSUNAMI

Du kannst nicht vor einem Tsunami weglaufen. Aber wenn du spürst, dass der Boden bebt, begib dich sofort auf höher gelegenes Gelände.

Du kannst auch auf einen Baum klettern, um dem Wasser zu entkommen. Bäume brechen aber manchmal durch die Wucht der Welle. Sicherer ist es deshalb, wenn du auf das Dach eines hohen Gebäudes steigst.

Nicht schwimmen! Wirst du von der Welle erfasst, halte dich an einem treibenden Gegenstand fest und lass dich mitziehen.

Bist du auf See, kehre nicht in den Hafen zurück. Dort herrschen gefährliche Strömungen. Fahr besser aufs Meer hinaus.

DIE GRÖSSTEN UND DIE SCHLIMMSTEN

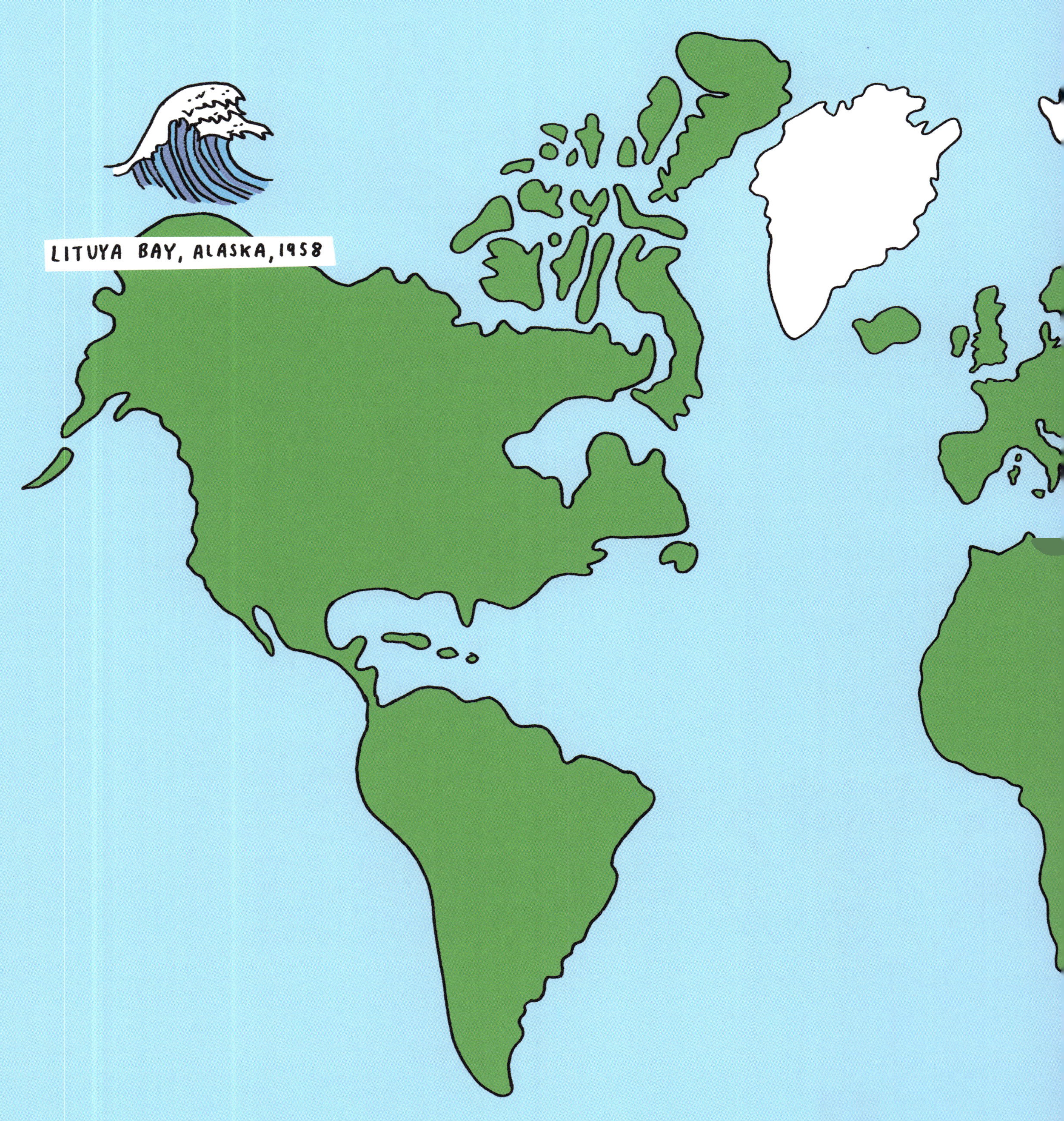

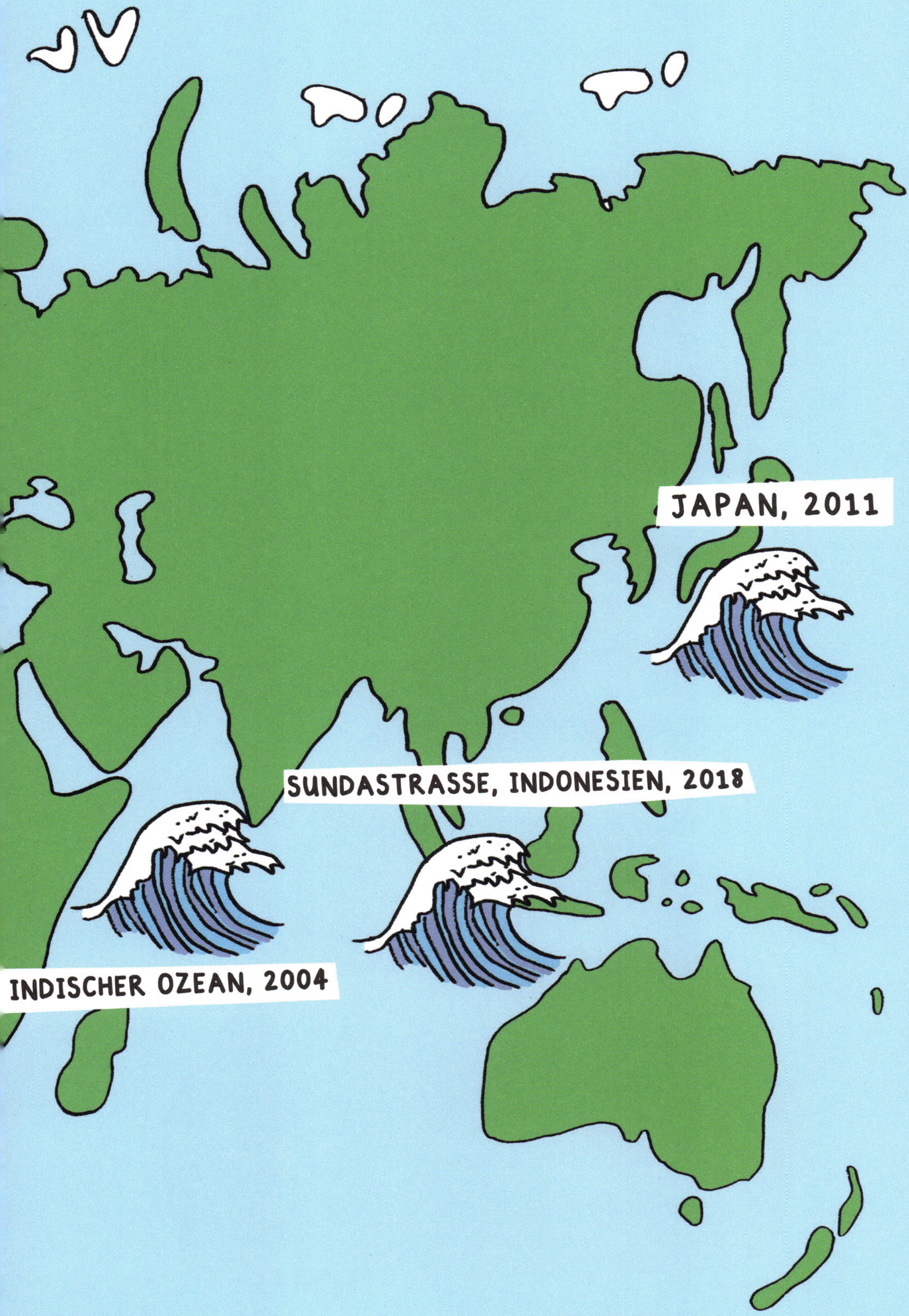

JAPAN, 2011

SUNDASTRASSE, INDONESIEN, 2018

INDISCHER OZEAN, 2004

Indischer Ozean / 26. Dezember 2004

Nach einem gewaltigen Erdbeben vor der Küste Indonesiens schlugen riesige Wellen an die Küste Sri Lankas und trafen Stunden später auf der anderen Seite des Indischen Ozeans auf das Horn von Afrika. Mehr als 200.000 Menschen kamen in weit entfernten Orten wie Thailand, Malaysia, Bangladesch und Somalia ums Leben.

Japan / 11. März 2011

Ein starkes Erdbeben löste einen Tsunami aus, der die Ostküste Japans – vor allem die Stadt Sendai – mit bis zu 10 Meter hohen Wellen verwüstete. Über 16.000 Menschen starben.

Lituya Bay / 9. Juli 1958

Ein Erdbeben löste sowohl einen gigantischen Felssturz als auch den Einbruch eines Gletschers in eine enge Bucht in Alaska aus. Die so entstandene Megawelle war 525 Meter hoch – die höchste jemals aufgezeichnete Welle.

Sundastraße / 22. Dezember 2018

Der Ausbruch und teilweise Einsturz des Vulkans Anak Krakatau führte zu einem Tsunami, der 300 Kilometer der indonesischen Küste traf. Über 400 Menschen starben und mehr als 14.000 wurden verletzt.

VULKANE

Vulkane sind Berge mit einem Zugang nach unten zu geschmolzenem Gestein (Magma).

Magma ist leichter als Stein und steigt daher zur Erdoberfläche auf. Durch Gasblasen baut sich im Inneren des Magmas Druck auf. Stell dir das vor wie in einer Sprudelflasche. Steigt der Druck an, kann das Magma bei einem Ausbruch aus dem Vulkan herausschießen.

Wenn Magma den Vulkan verlässt, nennt man es Lava.

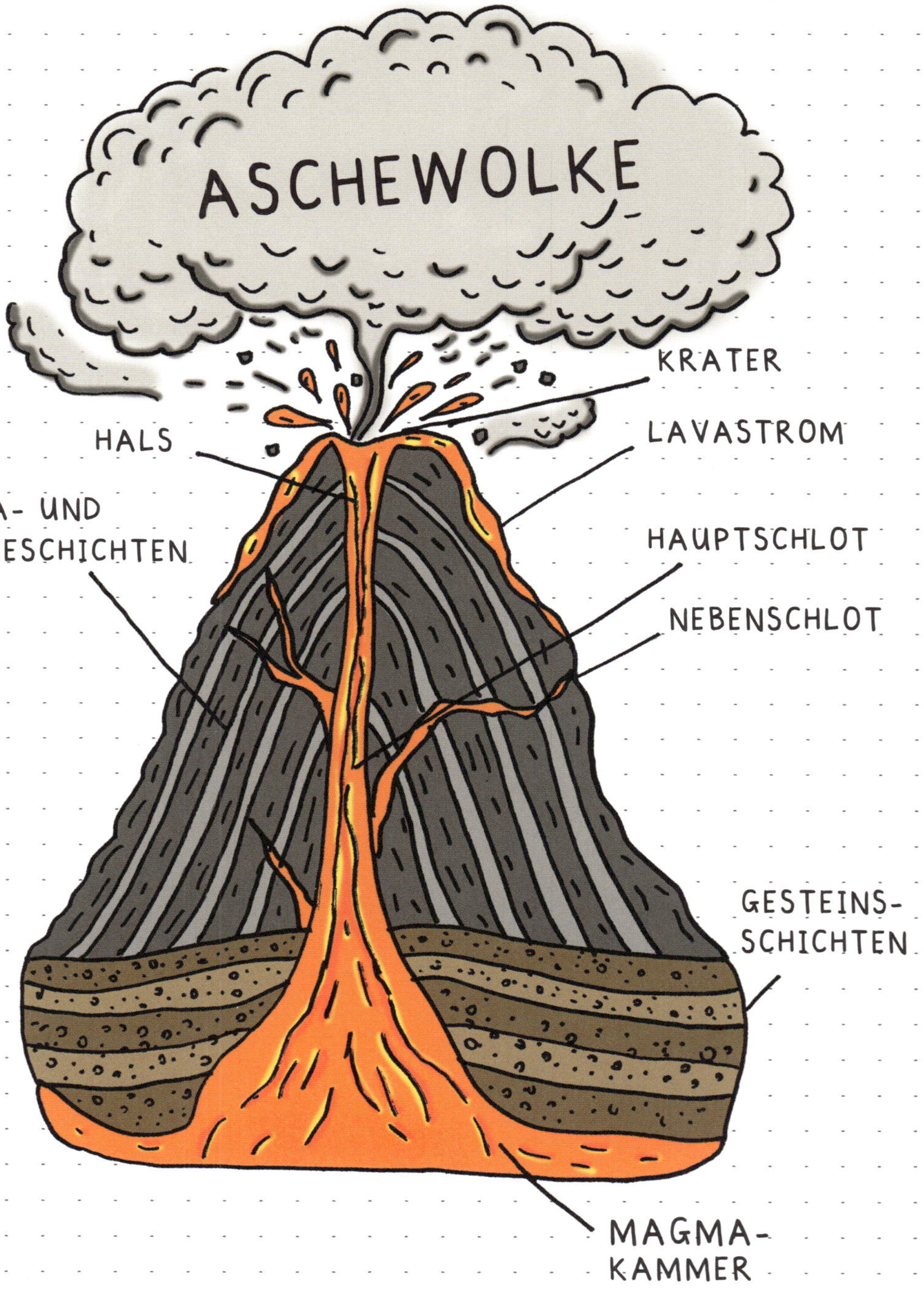

ASCHEWOLKE

KRATER

HALS

LAVASTROM

LAVA- UND ASCHESCHICHTEN

HAUPTSCHLOT

NEBENSCHLOT

GESTEINS-SCHICHTEN

MAGMA-KAMMER

Das Wort „Vulkan" kommt vom römischen Feuergott Vulkan.

Vulkane entstehen meist, wo tektonische Platten aneinandergrenzen. Wenn zwei Platten sich untereinander- oder auseinanderschieben, kann Magma sich seinen Weg durch die Bruchstellen bahnen.

Auf der Erde gibt es etwa 1900 aktive Vulkane. 90 Prozent davon befinden sich im „Feuerring“, einem 40.000 Quadratkilometer großen Band am Rand des Pazifischen Ozeans.

VULKANARTEN

ZUSTAND VON VULKANEN

Erloschene Vulkane sind seit Tausenden von Jahren nicht mehr ausgebrochen. Zukünftige Ausbrüche sind unwahrscheinlich. **Inaktive Vulkane** waren in der Vergangenheit aktiv, sind aber derzeit ruhig. **Aktive Vulkane** sind regelmäßig aktiv (wenn auch nicht unbedingt mit großen Ausbrüchen).

Ojos del Salado, Anden

1 Schichtvulkane

Schichtvulkane sind die höchsten Vulkane. Sie sind für die größten Ausbrüche verantwortlich und werden von mehreren kleinen Schloten unter der Oberfläche gespeist.

Der Ojos del Salado ist ein aktiver Schichtvulkan, der sich zwischen Chile und Argentinien erstreckt.

LAVADOM

Einige Schichtvulkane haben Lavadome in ihren Kratern. Lavadome bestehen aus dicker, langsam fließender Lava, die beim Abkühlen einen großen Hügel um den Schlot des Vulkans bildet.

2 Schildvulkane

Schildvulkane sind flach abfallende, dafür unten breite Berge ohne steile Gipfel. Ein dünner Lavastrom sickert stetig aus dem Schlot. Stell dir das so vor, als ob Flüssigkeit aus einem Behälter überläuft. Ihre Ausbrüche sind häufig, aber vergleichsweise sanft.

Der Mauna Loa auf Hawaii ist der größte aktive Vulkan der Erde. Wenn man ihn vom Meeresboden aus misst, ist er fast 9200 Meter hoch – höher als der Mount Everest. Er bricht seit 700.000 Jahren aus.

3 Schlackenkegel

Schlackenkegel sind recht klein. Sie stoßen Lava aus einem einzigen Krater an der Spitze aus.

Der inaktive Suribachi in Japan ist ein 169 Meter hoher Schlackenkegel.

AUSWIRKUNGEN VON VULKANAUSBRÜCHEN

Rund 350 Millionen Menschen leben in den Gefahrenzonen aktiver Vulkane. Einer der Gründe dafür ist, dass der Boden in der Nähe von Vulkanen oft sehr fruchtbar und gut für die Landwirtschaft ist.

Ein großer Ausbruch verwüstet das Gebiet um den Vulkan. Die 1170 Grad heißen Lavaströme verbrennen alles, was auf ihrem Weg liegt. Und dabei regnen ausgehärtete Lavabrocken herab.

Eine dicke Ascheschicht bedeckt kilometerweit die Umgebung. Tiere sterben und viele Menschen bekommen Atembeschwerden.

Treffen Asche und Schlamm eines Vulkanausbruchs mit starken Regenfällen oder schmelzendem Schnee zusammen, können sich rasend schnelle Schlammströme (Lahare) bilden, die ganze Dörfer unter sich begraben.

Ein vulkanischer Winter entsteht, wenn bei einem Ausbruch das Gas Schwefeldioxid in die Atmosphäre geschleudert wird. Das Gas zerfällt und seine Bestandteile reflektieren das Sonnenlicht weg von der Erde. So sinkt die Temperatur bei uns um bis zu 2 Grad.

AUSBRUCHSTYPEN

Es gibt sechs Arten von Vulkanausbrüchen:

SPALTENERUPTION

Lava sickert aus langen Spalten an der Seite des Vulkans.

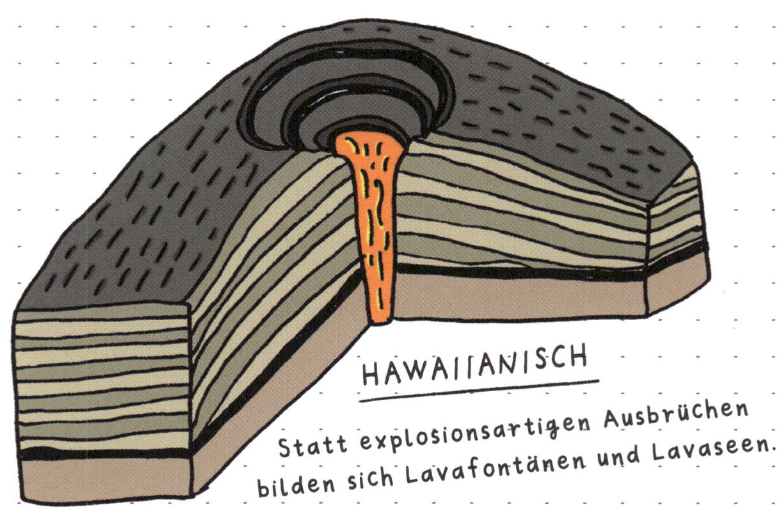

HAWAIIANISCH

Statt explosionsartigen Ausbrüchen bilden sich Lavafontänen und Lavaseen.

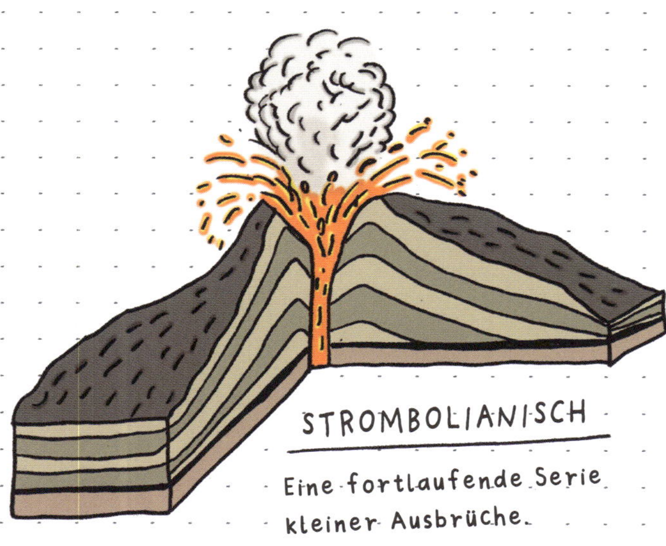

STROMBOLIANISCH

Eine fortlaufende Serie kleiner Ausbrüche.

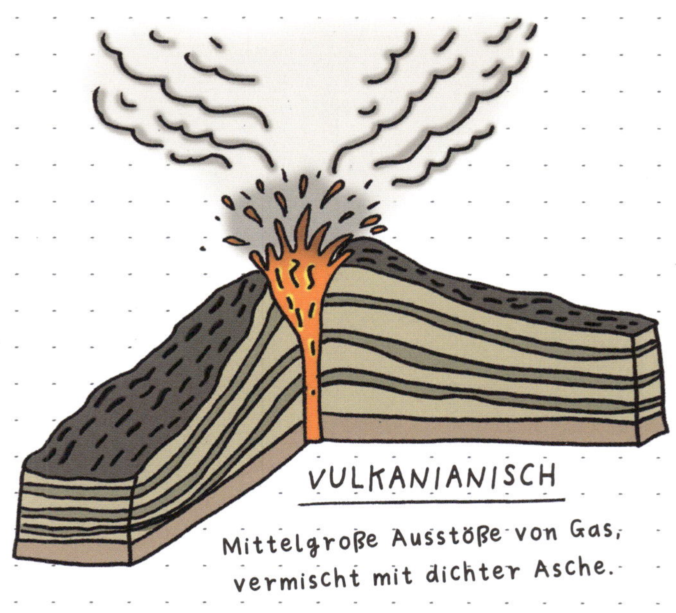

VULKANIANISCH

Mittelgroße Ausstöße von Gas, vermischt mit dichter Asche.

PELEANISCH

Eine größere Explosion schleudert Gas, Staub, Asche und Lava aus dem Krater, was als schneller Strom die Seite hinunterfließt.

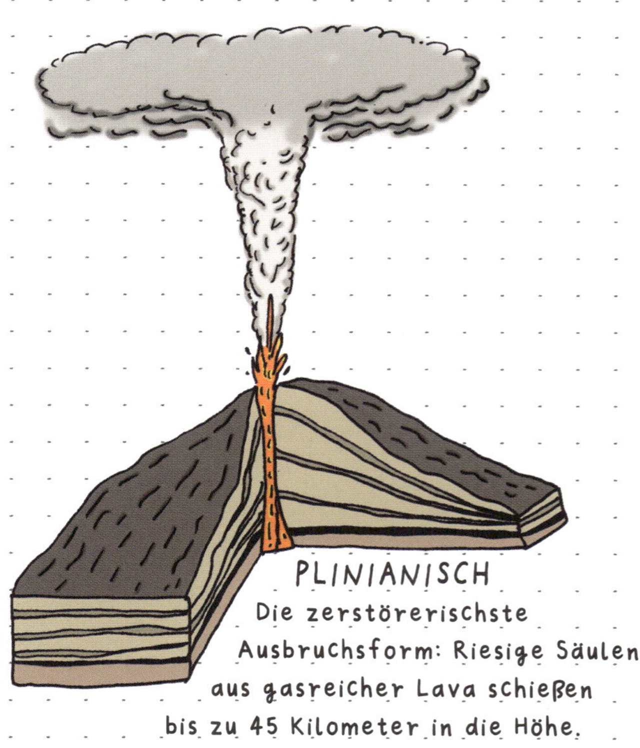

PLINIANISCH

Die zerstörerischste Ausbruchsform: Riesige Säulen aus gasreicher Lava schießen bis zu 45 Kilometer in die Höhe.

Sie können erkennen, wann ein Vulkan wahrscheinlich ausbricht: Die Temperatur in der Umgebung des Vulkans steigt. Hunderte von kleinen Erdbeben zeigen an, dass sich Magma durch die Erdkruste bewegt. Der Vulkan beginnt, schwefelhaltige Gase auszustoßen.

DER VULKANEXPLOSIVITÄTSINDEX (VEI) wird verwendet, um Ausbrüche auf einer Skala von 0 (am schwächsten) bis 8 (am stärksten) einzustufen. Stufe 8 ist der Ausbruch eines „Supervulkans". Das geschieht nur etwa alle 100.000 Jahre, zuletzt vor 26.000 Jahren. Die Auswirkungen eines Supervulkans entsprächen denen eines Asteroiden, der auf der Erde einschlägt.

DAS TUST DU BEI EINEM VULKANAUSBRUCH

Wenn du aufgefordert wirst, das Gebiet zu verlassen, zieh lange Sachen und eine Schutzbrille an. Halte ein feuchtes Tuch über dein Gesicht.

Asche kann Motoren verstopfen. Wenn ihr Auto fahren müsst, nicht schneller als 50 Kilometer pro Stunde. Meidet Flüsse und bleibt im Windschatten des Vulkans.

Wenn NICHT evakuiert wird, schließe alle Fenster und Türen und dichte den Schornstein ab. Lege feuchte Lappen an die Türspalten. Wenn der Aschefall sehr stark ist, muss möglicherweise jemand aufs Dach klettern und fegen, damit das Dach nicht einstürzt.

DIE STÄRKSTEN UND DIE SCHLIMMSTEN

Vesuv, Italien / 79 n. Chr. / VEI 5

Dieser Ausbruch forderte über 2000 Menschenleben und begrub die Stadt Pompeji unter einer dicken Ascheschicht. Dadurch fanden Archäologen Jahrhunderte später ein perfekt erhaltenes Beispiel für das Leben im antiken Rom vor.

Krakatau, Indonesien / 1883 / VEI 6

Einer der heftigsten Ausbrüche der Geschichte: Er hatte die Sprengkraft von 13.000 Atombomben und erzeugte das lauteste jemals gehörte Geräusch. 36.000 Menschen starben, Tsunamis verwüsteten viele Inseln.

Mount St. Helens, USA / 1980 / VEI 5

Bei diesem verheerenden Vulkanausbruch kamen 57 Menschen ums Leben. Über 200 Quadratkilometer Naturfläche wurden zerstört.

Nevado del Ruiz, Kolumbien / 1985 / VEI 3

Obwohl der Ausbruch nicht stark war, begruben die Schlammlawinen die Stadt Armero. 20.000 Menschen starben.

Pinatubo, Philippinen / 1991 / VEI 6

Der inaktive Pinatubo hatte bis zu seinem plötzlichen Ausbruch kaum Lebenszeichen von sich gegeben. 722 Menschen starben. Der folgende vulkanische Winter ließ die Temperaturen auf der Erde um 0,5 Grad sinken.

LAWINEN

Eine Lawine ist eine große Masse Schnee, die sich von einem Hang löst und schnell abwärts rutscht. Dabei nimmt sie immer mehr Schnee mit.

WIE ENTSTEHT EINE LAWINE?

Als Schneedecke bezeichnet man die Schneeschichten, die sich im Lauf des Winters allmählich aufbauen. Das Wetter beeinflusst die Struktur der Eiskristalle, aus denen die Schneedecke besteht. Schmilzt an einem sonnigen Tag eine Schneeschicht und gefriert wieder, verändern sich die Eiskristalle und die Schneedecke wird glitschig oder schwach. Eine große Schneemasse auf einer schwachen Schicht kann dann leicht wegbrechen.

Lawinen sind sehr häufig. In den Alpen gehen jährlich etwa 10.000 Lawinen ab. Meistens kommen nur kleine Mengen Lockerschnee ins Rutschen, was in der Regel harmlos ist.

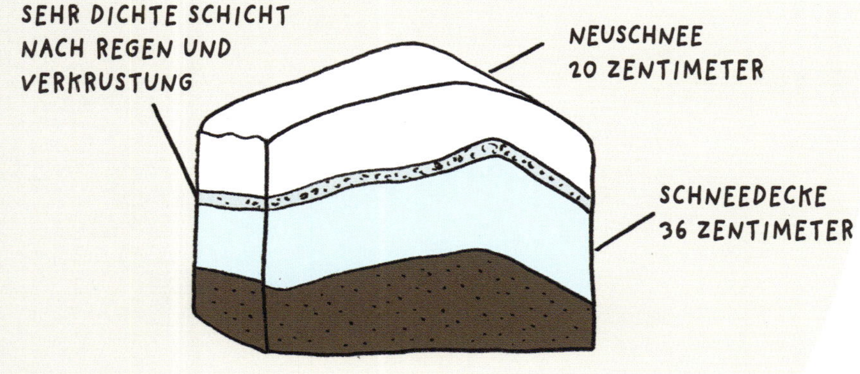

Viel gefährlicher sind Schneebrettlawinen. Dabei bricht ein großes Schneebrett ab und stürzt bergab, wobei es wie Glas zerspringt. Eine Schneebrettlawine kann innerhalb von 5 Sekunden eine Geschwindigkeit von 150 Kilometern pro Stunde erreichen. Die Opfer dieser Lawinen überleben nur selten.

AUSLÖSEN EINER LAWINE

Die Lawinenwahrscheinlichkeit ist am größten, wenn die Hangneigung 30 bis 50 Grad beträgt. An steileren Hängen wird der Schnee ständig abgetragen und staut sich nicht auf. An sanfteren Hängen greift nicht genug Schwerkraft, damit der Schnee wegbricht.

Die größte Lawinengefahr herrscht bei einer Kombination aus starkem Schneefall und starkem Wind. Der Wind bricht die Eiskristalle im Schnee auf, sodass sich ein Schneebrett bildet. Am häufigsten treten Lawinen in den 24 Stunden nach einem Sturm auf, der 30 Zentimeter oder mehr Neuschnee gebracht hat.

Bei ungünstigen Bedingungen ist es sehr einfach, eine Lawine auszulösen. Ein Skifahrer oder ein Schneemobil kann den Schnee leicht lockern. Spontane Lawinen können auch ganz ohne Auslöser entstehen.

ARTEN VON LAWINEN

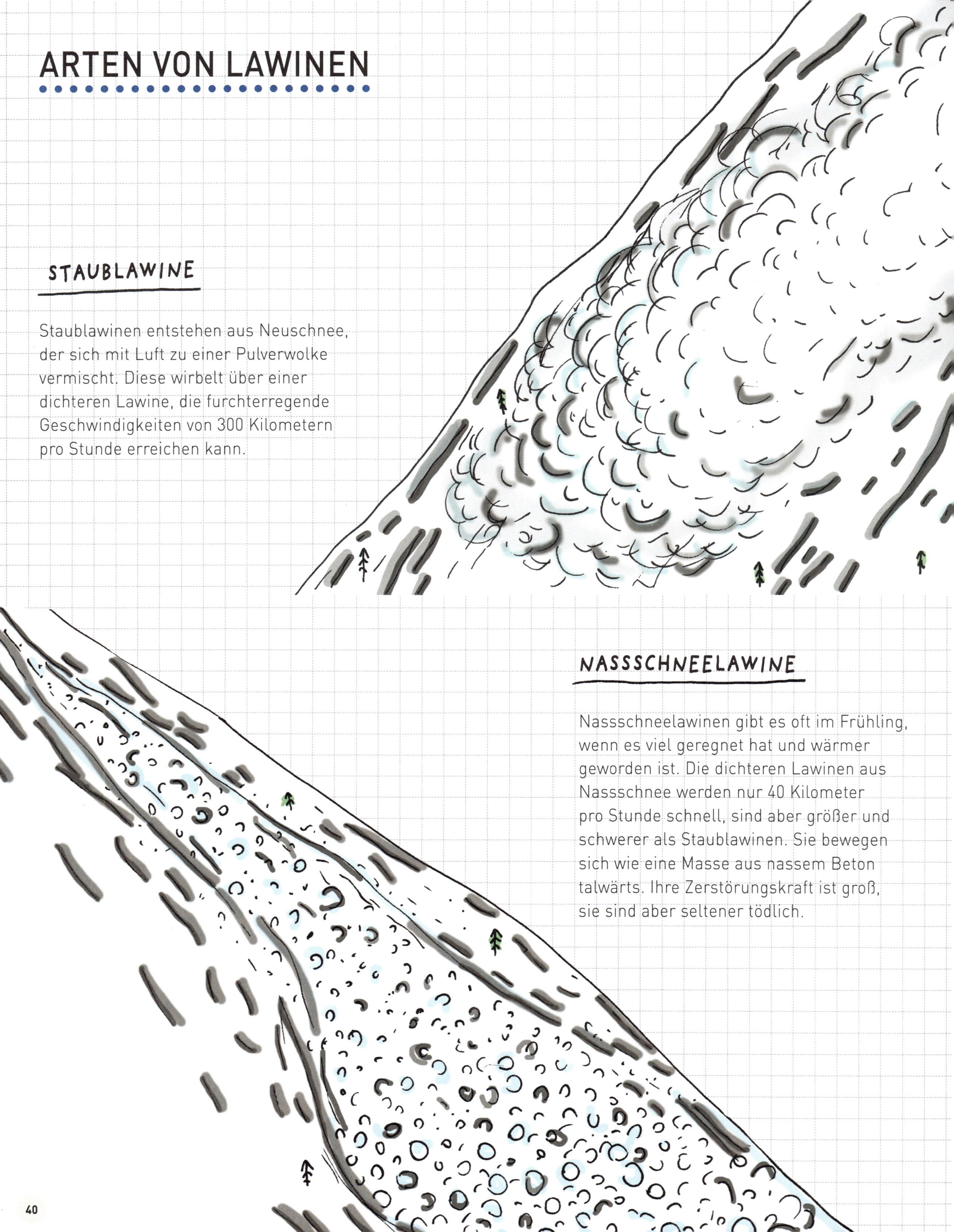

STAUBLAWINE

Staublawinen entstehen aus Neuschnee, der sich mit Luft zu einer Pulverwolke vermischt. Diese wirbelt über einer dichteren Lawine, die furchterregende Geschwindigkeiten von 300 Kilometern pro Stunde erreichen kann.

NASSSCHNEELAWINE

Nassschneelawinen gibt es oft im Frühling, wenn es viel geregnet hat und wärmer geworden ist. Die dichteren Lawinen aus Nassschnee werden nur 40 Kilometer pro Stunde schnell, sind aber größer und schwerer als Staublawinen. Sie bewegen sich wie eine Masse aus nassem Beton talwärts. Ihre Zerstörungskraft ist groß, sie sind aber seltener tödlich.

ANATOMIE EINER LAWINE

DIE ABRISSKANTE ist der instabile Bereich, in dem der Schnee zu rutschen beginnt. Er befindet sich meist ziemlich weit oben am Hang.

DIE LAWINENBAHN ist der Weg, den die Lawine nimmt. Wenn du kahle, rinnenartige Hänge siehst, an deren Fuß sich Schnee auftürmt, könnte es sein, dass hier eine Lawine abging. Das könnte demnach wieder passieren.

IM AUSLAUFBEREICH kommen Schnee und Geröll zum Stillstand. Dies ist der Bereich, in dem Opfer am ehesten verschüttet werden können.

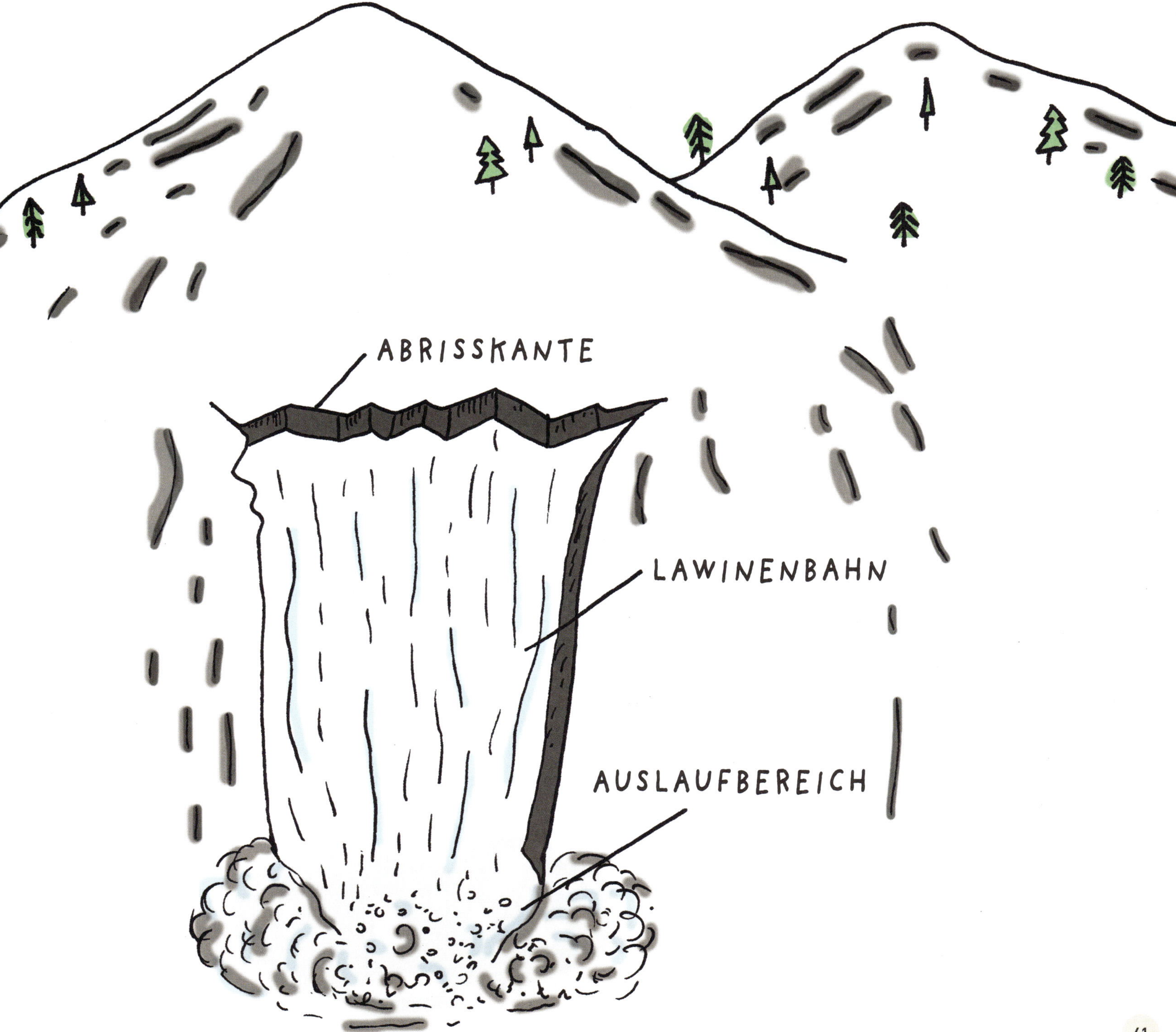

LAWINEN VERHINDERN

Die einfachste Methode, wie Menschen Lawinen verhindern können, besteht darin, die wachsende Schneedecke zu verdichten: zu Fuß, mit Skiern oder durch maschinelles Präparieren. Wird die Schneedecke dicht gehalten, ist sie weniger anfällig.

Mit Sprengungen kann man gezielt kleine Lawinen auslösen und verringert damit die Wahrscheinlichkeit einer großen.

Auch spezielle Zäune, die das Abrutschen von Schnee verhindern, beugen Lawinen vor.

LAWINEN-VORZEICHEN

Achte beim Wandern oder Skilaufen auf Knallen und Ächzen in der Schneedecke. Das könnte bedeuten, dass sich unter der Schneedecke eine schwächere Schicht befindet. Halte Ausschau nach Rissen, die über die Oberfläche schießen, oder nach kleinen Platten, die sich lösen.

JEDE MINUTE ZÄHLT

92 Prozent der Lawinenopfer überleben, wenn sie innerhalb von 18 Minuten gerettet werden. 30 Prozent, wenn sie innerhalb von 35 Minuten gefunden werden. Nach 1 Stunde überlebt nur jeder Dritte, und nach 2 Stunden fast keiner.

DAS TUST DU BEI EINER LAWINE

Du muss zuerst vom Schneebrett herunterkommen: Lauf oder fahr so schnell wie möglich geradeaus bergab und dann zur Seite, um aus dem Weg zu kommen. Wenn das nicht klappt, such dir einen Baum.

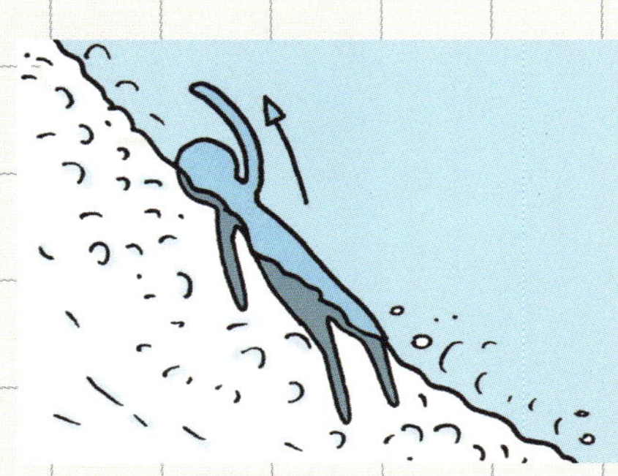

Wenn du keinen Baum findest, zieh die Ski aus. Roll dich – Füße bergab – auf den Rücken und schwimme rückwärts bergauf, so fest du kannst! So bleibst du nahe an der Oberfläche.

Kommt die Lawine zum Stillstand, setzt sie sich wie Beton, sodass du dich nicht mehr bewegen kannst. Lege sofort einen Arm über dein Gesicht und schlage mit dem anderen nach oben. So bekommst du ein größeres Luftloch. Bleib ruhig, um Sauerstoff zu sparen.

Als Beobachter: Suche nach Lawinenopfern. Ski und Handschuhe im Schnee können ein Hinweis sein. Verschwende keine Zeit mit der Suche nach Hilfe – fang einfach an zu graben! Sobald du das Opfer erreicht hast, befreie seine Atemwege.

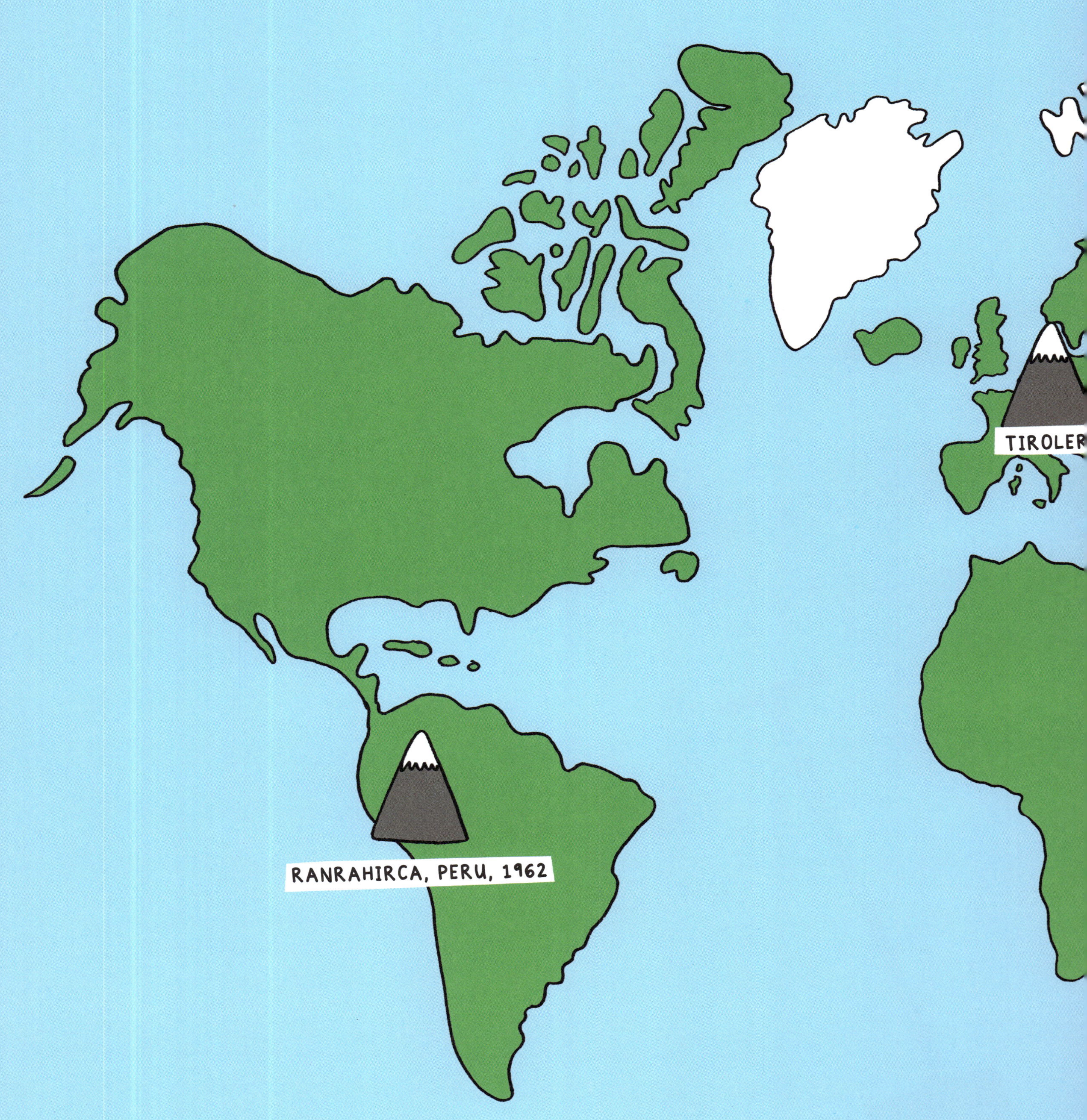
TIROLER
RANRAHIRCA, PERU, 1962

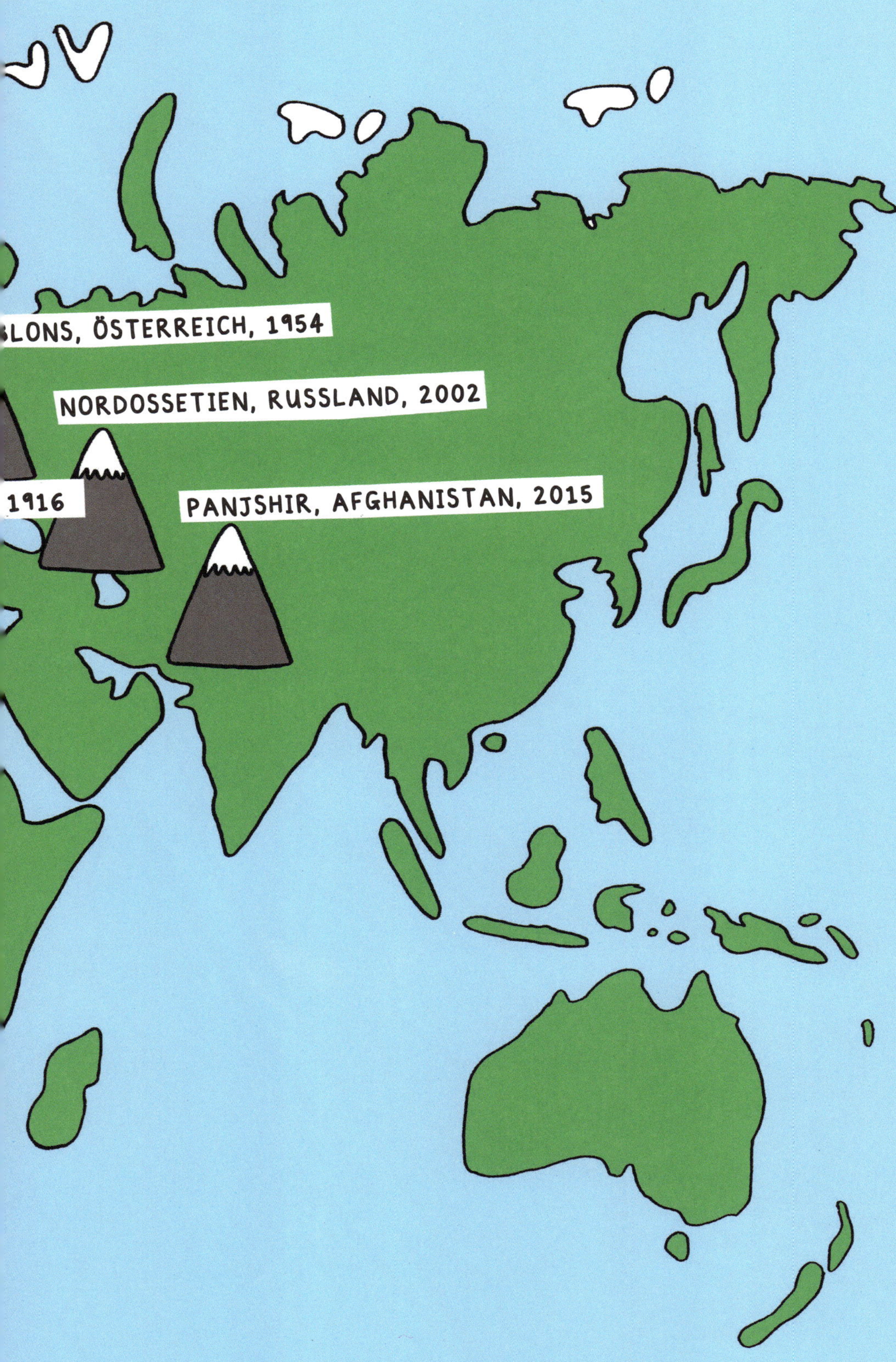

Tiroler Alpen / 13. Dezember 1916

Im Ersten Weltkrieg waren Soldaten in den österreichisch-italienischen Alpen stationiert. Durch Lawinen kamen mehr als 10.000 von ihnen an einem einzigen Tag ums Leben, der als „Weißer Freitag" bekannt wurde.

Blons, Österreich / 11. Januar 1954

Eine Trockenschneelawine traf das Dorfzentrum von Blons. Neun Stunden später löste sich eine zweite Lawine, die das Dorf vollständig auslöschte und 57 Menschen tötete.

Ranrahirca, Peru / 10. Januar 1962

Ein gigantisches Schneebrett löste sich vom Berg Huascaràn und zerstörte unter anderem das Dorf Ranrahirca. 4000 Menschen kamen dabei ums Leben.

Nordossetien, Russland / 21. September 2002

Ein abgebrochener Gletscherbrocken am Berg Kazbek löste eine 20 Millionen Tonnen schwere Lawine aus, die Dörfer verschüttete und 150 Menschen tötete.

Panjshir, Afghanistan / 24. Februar 2015

Insgesamt 40 Lawinen töteten 316 Menschen bei einer Reihe von Schneestürmen, die Dörfer mit instabil gebauten Häusern zerstörten.

METEORO-
LOGISCHE
KATASTRO-
PHEN

Was ist Wetter? Warum ist es heiß oder kalt, regnerisch oder bewölkt? Das Wetter spielt sich in der Atmosphäre ab. Das ist eine Schicht aus Gasen, die unsere Erde wie eine Decke umhüllt und verhindert, dass sie zu heiß oder zu kalt wird. Die unterste Schicht der Atmosphäre wird Troposphäre genannt. Sie enthält 80 Prozent der Gase und 99 Prozent des Wassers der Atmosphäre. Hier findet der größte Teil des Wetters statt.

Das Wetter wird durch Unterschiede im Luftdruck, in der Temperatur und in der Luftfeuchtigkeit von einem Ort zum anderen bestimmt. Menschen, die das Wetter untersuchen, werden Meteorologinnen und Meteorologen genannt.
Sie verwenden Instrumente wie Thermometer, Anemometer, Barometer und Informationen von Satelliten und warnen, wenn sich ein Unwetter ankündigt.

ATMOSPHÄRE

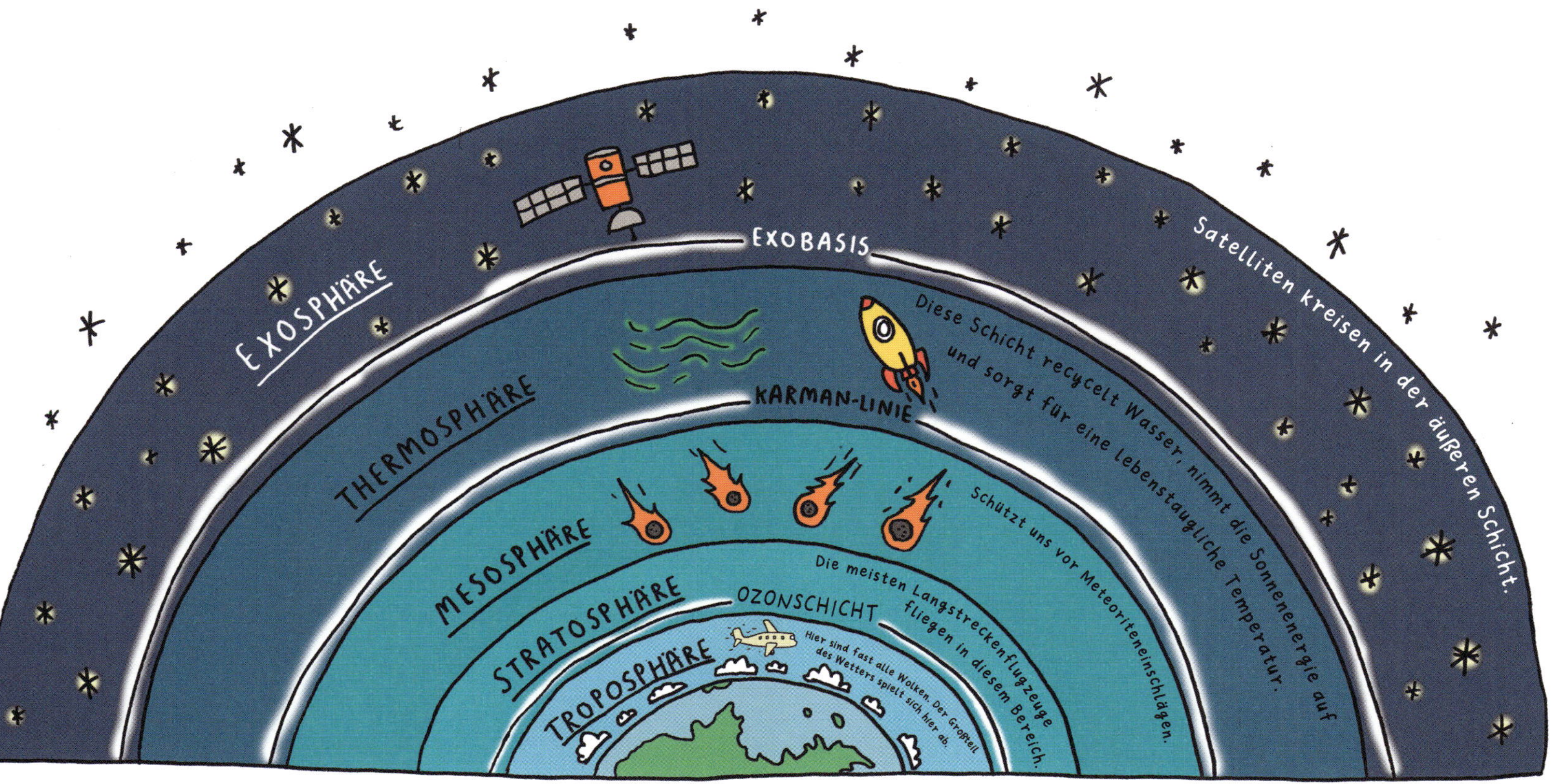

TROPISCHE WIRBELSTÜRME

Ein tropischer Wirbelsturm ist ein rotierender Sturm mit Gewittern. Er entwickelt sich spiralförmig aus einem Tiefdruckzentrum, dem „Auge". Im Nordatlantik und Nordostpazifik heißt er Hurrikan.

Tropische Wirbelstürme haben weltweit unterschiedliche Namen: In Südostasien heißen sie Taifun, im Indischen Ozean Zyklon.

Das Wort „Hurrikan" kommt vom karibischen Gott des Bösen, Hurrican.

Tropische Wirbelstürme bilden sich über warmen tropischen oder subtropischen Gewässern. Treffen sie auf Land, können sie Bäume ausreißen und Gebäude zerstören. Und es regnet stark.

WIE ENTSTEHEN TROPISCHE WIRBELSTÜRME?

Luft, die durch warmes Meerwasser (ab 27 Grad) erwärmt wird, steigt schnell auf. Die Luft kühlt sich ab und wird von darunter aufsteigender warmer Luft verdrängt. Dadurch entsteht ein Tiefdruckgebiet in der Nähe der Meeresoberfläche. Die Erdrotation bewirkt, dass sich die Winde zu drehen beginnen. Das wird Coriolis-Effekt genannt.

Solang der Sturm über den Ozean zieht, wird er durch das warme Wasser gespeist. Er entwickelt sich zu einem riesigen Gebilde mit einem Tiefdruckgebiet in seinem Zentrum.

Wenn die Winde 120 Kilometer pro Stunde erreichen, wird der Sturm als tropischer Wirbelsturm bezeichnet. Er kann bis zu 2000 Kilometer breit werden und die Wolken können sich bis zu 15 Kilometer hoch türmen.

An Land hat der Sturm nicht mehr das warme Wasser, das ihn antreibt, und verliert allmählich an Kraft.

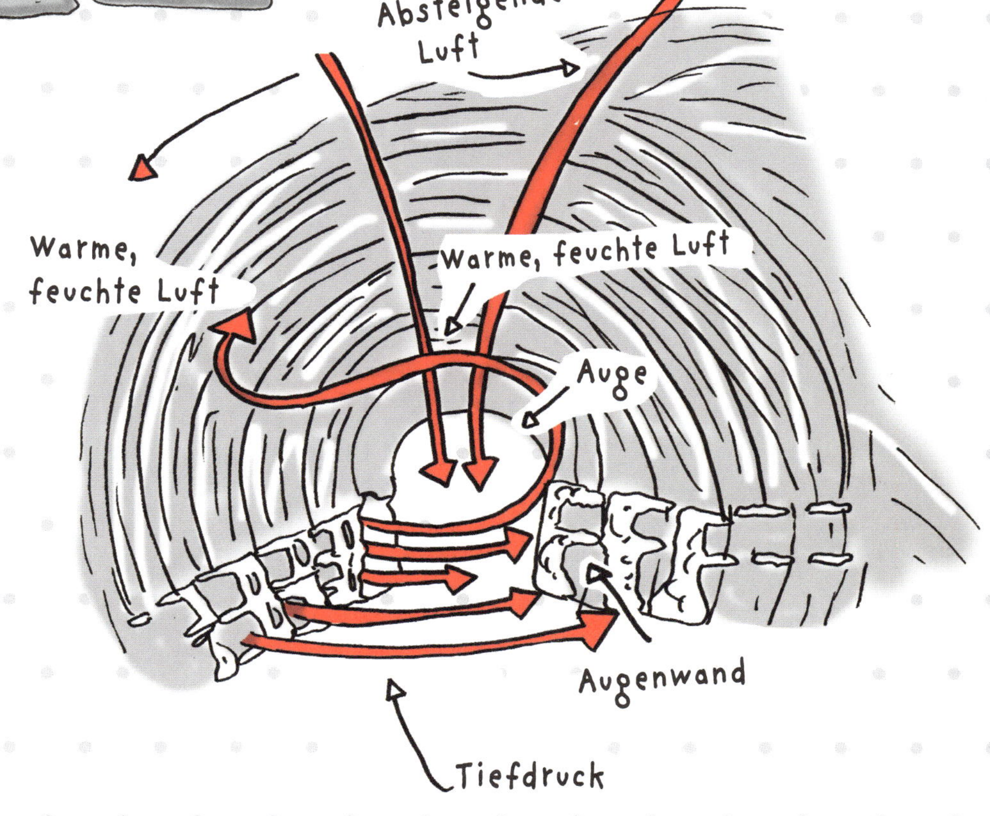

AUFBAU EINES TROPISCHEN WIRBELSTURMS

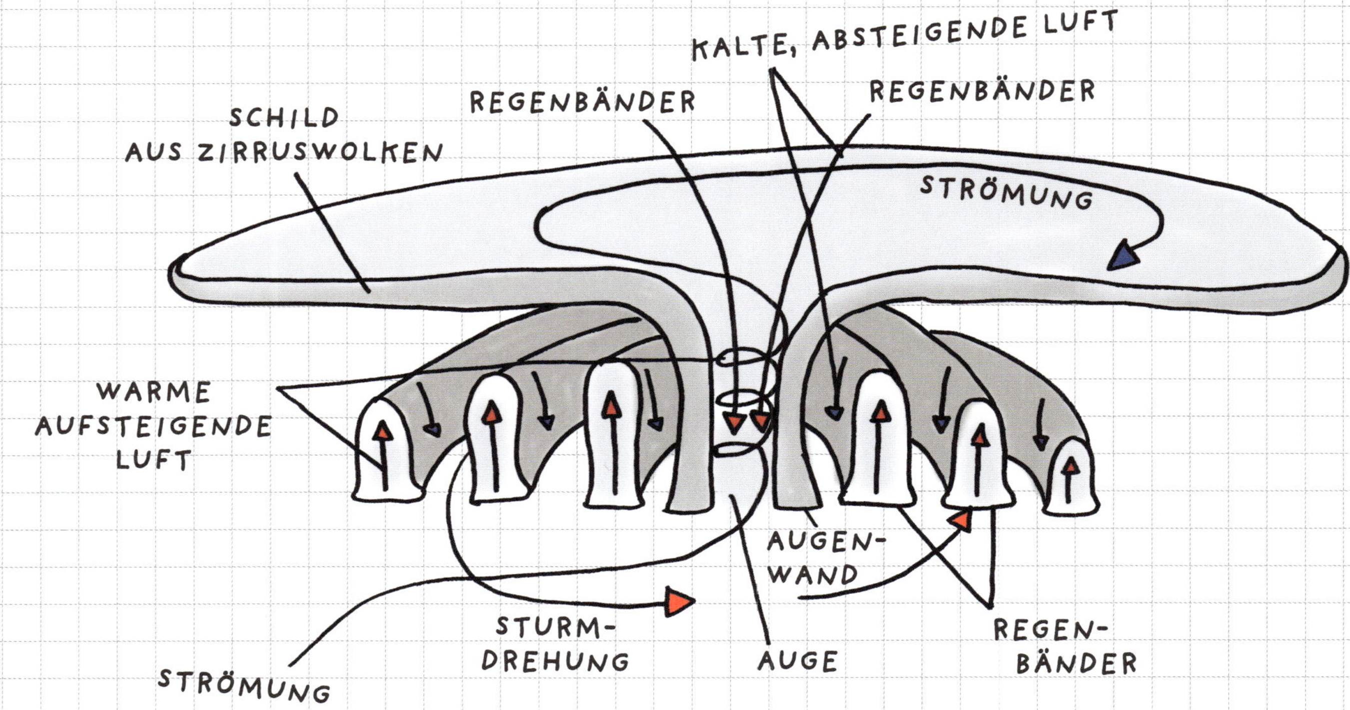

DAS AUGE ist das Tiefdruckgebiet im Zentrum des Sturms. Wenn das Auge über uns hinwegzieht, hören die heftigen Regenfälle plötzlich auf und es herrscht Windstille. Aber das ist trügerisch: Um das Auge herum befindet sich die Augenwand.

DIE AUGENWAND: 15 bis 30 Kilometer vom Zentrum des Sturms entfernt ist der Wirbelsturm am stärksten. Die Winde an der Augenwand können Geschwindigkeiten von 320 Kilometern pro Stunde erreichen.

REGENBÄNDER sind dichte Wolken, die sich spiralförmig von der Augenwand nach außen bewegen. Nach außen hin schwächen sich die Winde ab.

Ein starker Hurrikan kann die 70-fache Menge der Energie freisetzen, die wir insgesamt auf der Welt pro Jahr verbrauchen.

WANN UND WO?

Tropische Wirbelstürme treten in allen Gebieten weltweit mit warmem Meereswasser auf. Im westlichen Pazifik sind sie sehr häufig. In manchen Jahren werden die Philippinen von mehr als 20 Taifunen heimgesucht.

In der nördlichen Erdhalbkugel ist die Hauptwirbelsturmsaison im Spätsommer/Frühherbst, wenn der Unterschied zwischen Meeres- und Lufttemperatur am größten ist.

Trotz ihrer Zerstörungskraft sind tropische Wirbelstürme wichtig für die Regulierung der weltweiten Temperaturen: Sie transportieren Wärme aus den Tropen in mildere Regionen.

AUSWIRKUNGEN TROPISCHER WIRBELSTÜRME

REGEN
Tropische Wirbelstürme können in 24 Stunden 1000 Liter Regen pro Quadratmeter ausschütten.

ERKRANKUNGEN
Das stehende Wasser nach einer großen Überschwemmung kann zu Krankheiten wie Cholera oder – die durch Mücken übertragene – Malaria führen.

STURMFLUT
Ein Sturm kann den Wasserspiegel um viele Meter ansteigen lassen, sodass gewaltige Wellen auf die Küste treffen. Für die Küstengebiete ist es noch gefährlicher, wenn die Sturmflut bei Flut auftritt.

WIND
Der Wind ist so stark und schnell, dass er Bäume umreißt, kleine Häuser wegfegt und Straßen, Gebäude und wichtige Anlagen beschädigt.

TORNADOS
Innerhalb der Wolkenwand eines Hurrikans können sich auch noch kleine Tornados entwickeln. Oft weiß man nicht, wer welche Schäden verursacht hat.

STURMSTÄRKE MESSEN

Tropische Stürme im Atlantik bekommen abwechselnd Jungen- und Mädchennamen. Der erste Sturm im Jahr beginnt mit dem Buchstaben A, dann B und so weiter. Alle sechs Jahre dürfen sich Namen wiederholen.

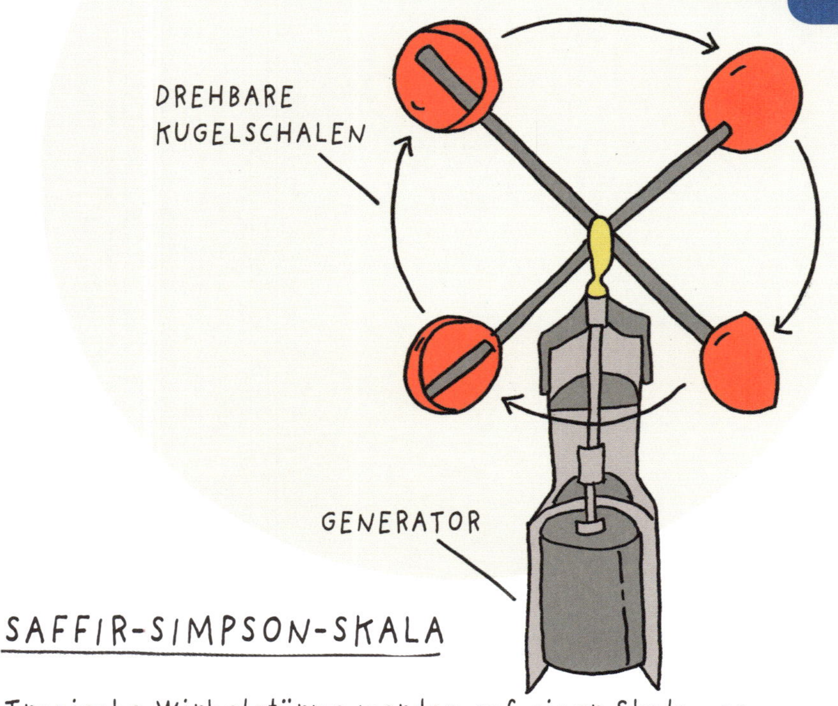

SAFFIR-SIMPSON-SKALA

Tropische Wirbelstürme werden auf einer Skala von 1 (am schwächsten) bis 5 (am stärksten) eingestuft.

	Stufe 1	Stufe 2	Stufe 3	Stufe 4	Stufe 5
WIND	119 bis 153 Kilometer pro Stunde	154 bis 177 Kilometer pro Stunde	178 bis 209 Kilometer pro Stunde	210 bis 249 Kilometer pro Stunde	Stärker als 250 Kilometer pro Stunde
STURMFLUT	1,2 bis 1,6 Meter	1,7 bis 2,6 Meter	2,7 bis 3,7 Meter	3,8 bis 5,4 Meter	Über 5,4 Meter
ZERSTÖRUNG					

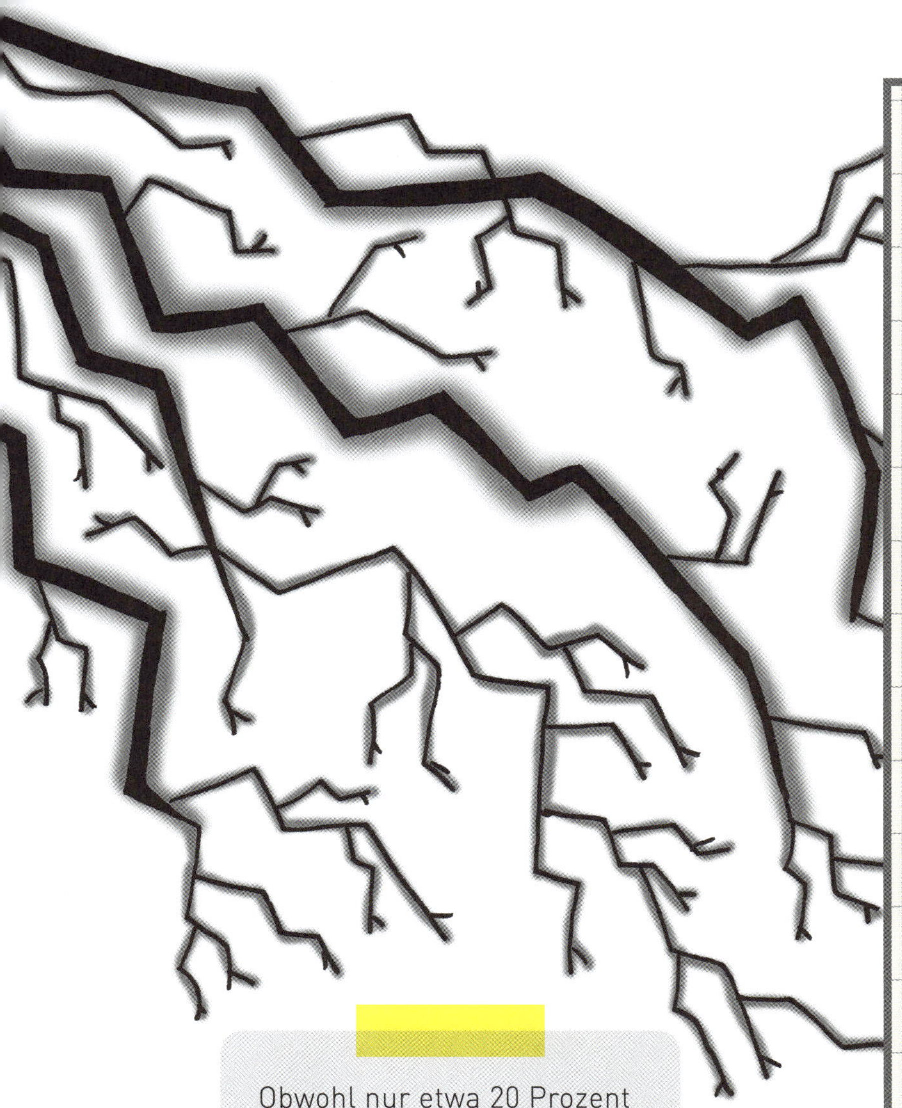

Obwohl nur etwa 20 Prozent der tropischen Wirbelstürme in die Stufe 3 oder höher fallen, verursachen sie 85 Prozent aller Schäden.

WARNUNG!
Benutze keine elektrischen Geräte! Blitze können Überspannungen verursachen. Schalte bei einer Überschwemmung sofort den Strom ab.

DAS TUST DU BEI EINEM STURM

Wenn dein Haus nicht höher gelegen ist oder du dich in einem Wohnwagen/Wohnmobil aufhältst, suche einen Schutzraum auf.

Bleib drinnen! Am besten in einem Keller, weit weg von Fenstern, die zerspringen könnten. Geh nicht ins Freie, auch wenn es nach Wetterbesserung aussieht. Es könnte sich um das Auge des Hurrikans handeln und der Sturm weitergehen.

Seid ihr mit dem Auto unterwegs, versucht nicht, durch Überschwemmungen zu fahren. Kehrt um und fahrt zurück.

DIE STÄRKSTEN UND DIE SCHLIMMSTEN

Zyklon Bhola / 1970

Der tödlichste Zyklon, der jemals auf gezeichnet wurde, traf das heutige Bangladesch mit Windgeschwindigkeiten von 190 Kilometern pro Stunde und tötete mehr als 300.000 Menschen in einer Sturmflut.

Taifun Nina / 1975

Dieser Taifun brachte in Taiwan erst zwei große und dann in Folge 65 weitere Dämme zum Einsturz. Mindestens 200.000 Menschen kamen bei den folgenden Überschwemmungen ums Leben.

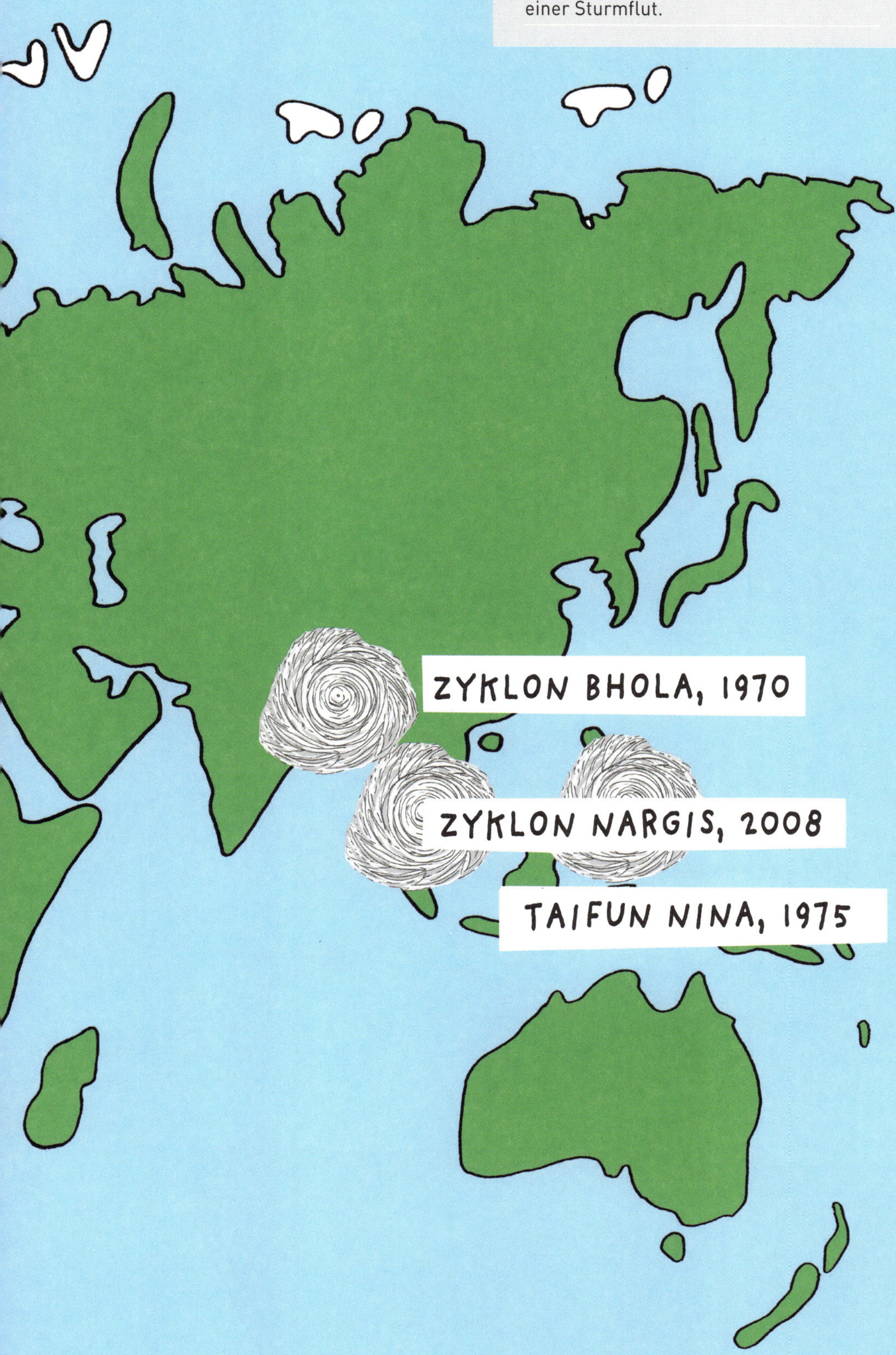

Hurrikan Mitch / 1998

Der riesige, sich langsam bewegende Hurrikan landete in Honduras und fegte dann über Mittelamerika hinweg. Er verursachte Überschwemmungen und Erdrutsche und tötete etwa 11.000 Menschen.

Hurrikan Katrina / 2005

Als Hurrikan Katrina in Louisiana, USA, auf Land traf, brachen die Deiche um New Orleans und überfluteten 80 Prozent der Stadt. Viele Tausende von Menschen saßen fest und rund 1800 Menschen starben.

Hurrikan Maria / 2017

Dieser Wirbelsturm der Stufe 5 traf die Inseln Puerto Rico, Dominica, Martinique und Guadeloupe. Häuser und Straßen wurden weggefegt. Auch aufgrund der langsamen humanitären Hilfe kamen rund 2900 Menschen ums Leben.

Zyklon Nargis / 2008

Nargis, einer der tödlichsten Wirbelstürme Asiens, traf Myanmar und verursachte extreme Überschwemmungen in dicht besiedelten Gebieten. Offiziell gab es 140.000 Todesopfer. Die tatsächliche Zahl könnte jedoch bei bis zu 1 Million liegen.

TORNADOS

Ein Tornado ist ein Kreisel aus sich drehender Luft, der unten mit der Erde und oben mit einer Gewitterwolke in Kontakt ist. Die Winde von Tornados sind mit 500 Kilometern pro Stunde die schnellsten auf der Erde.

Die extrem starken Winde von Tornados können Gebäude zerstören, Bäume entwurzeln, das Wasser aus einem Flussbett saugen und Autos durch die Luft fliegen lassen. Sie können Menschen über den Boden schleifen oder hochreißen und aus gefährlicher Höhe fallen lassen.

Ein normaler Tornado ist 200 Meter breit und legt eine Strecke von 10 Kilometern zurück. Er zieht eine schmale Schneise der Verwüstung hinter sich her. Er kann ein Haus zerstören, aber das Nachbarhaus völlig unversehrt lassen.

Tornados können überall auf der Welt auftreten. Es gibt viele Tornados in Großbritannien und in den Niederlanden. 75 Prozent aller Tornados ereignen sich jedoch im Mittleren Westen der Vereinigten Staaten. Dort herrschen in einem Tornado-Allee genannten Gebiet perfekte Bedingungen: Trockene, kalte Luft aus Kanada trifft auf warme, feuchte Luft aus dem Golf von Mexiko.

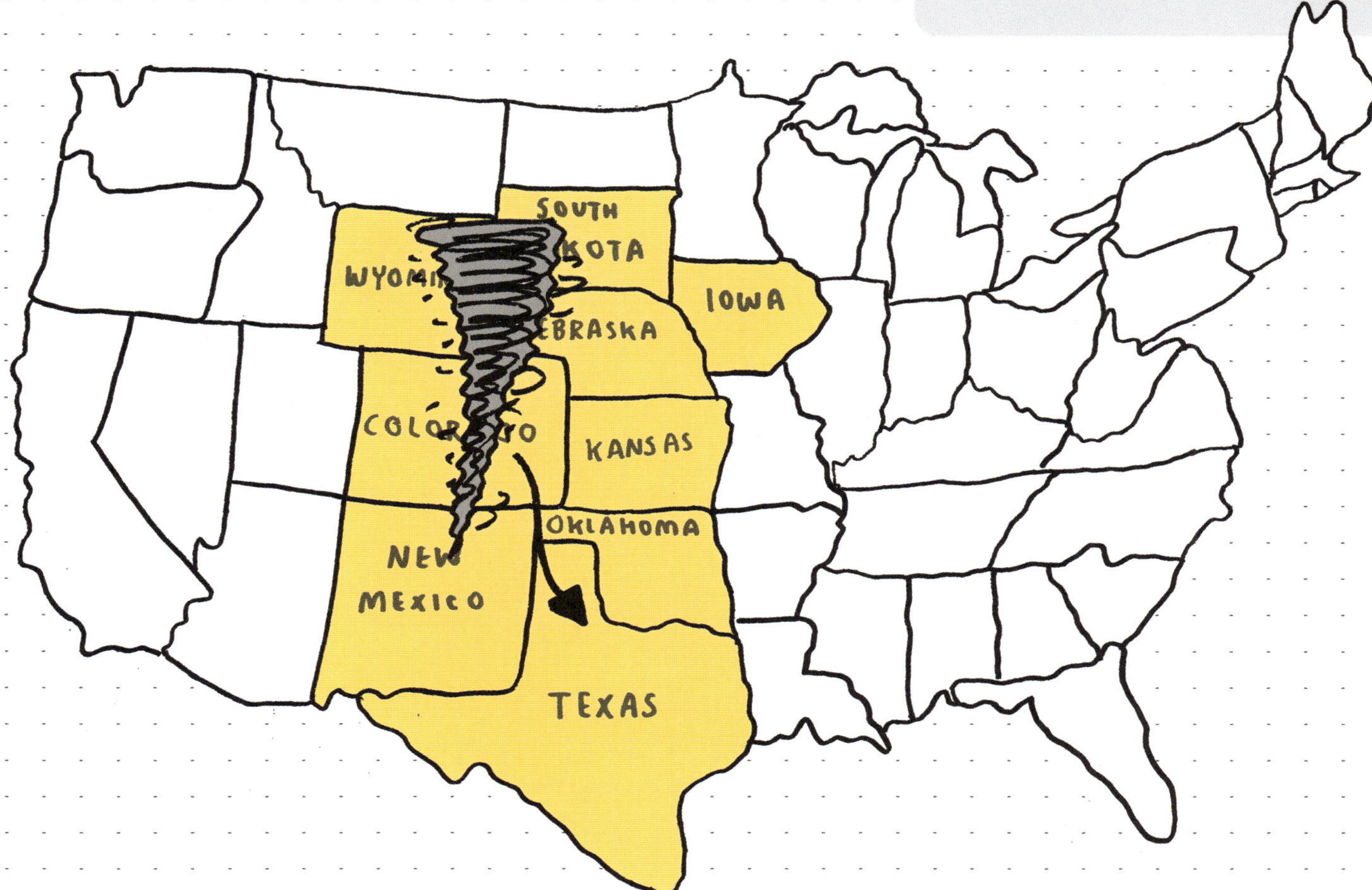

SUPERZELLEN-TORNADOS

90 Prozent der Tornados entstehen aus sogenannten Superzellen. Das sind besonders starke Gewitter, die durch heftige Winde in Rotation gebracht werden. Ein Tornado entsteht, wenn warme, feuchte Luft in Bodennähe aufsteigt und auf kältere, trockene Luft trifft. Der rotierende Aufwind bildet einen Luftschlauch.

Zunächst formt sich der Schlauch waagerecht. Wenn mehr warme Luft nach oben schießt, wächst er und dreht sich immer schneller. Dann neigt er sich senkrecht nach unten. Mit zunehmender Länge wird der Schlauch zu einer Trichterwolke. Wenn der Trichter den Boden berührt, wird er zu einem Tornado-Rüssel.

KLEINTROMBEN

Eine Kleintrombe, die auch als Staubteufel bekannt ist, entsteht, wenn vertikal drehende Luft in Bodennähe durch einen Aufwind nach oben gezogen wird. Sie entsteht im Gegensatz zum Tornado vom Boden und nicht von der Wolke aus. Staubteufel bilden einen schmalen Schlauch, der von einem Staubschleier umgeben ist. Sie können ebenfalls Schäden verursachen, aber sind viel schwächer als Tornados (Großtromben), dauern 15 Minuten oder weniger und erreichen normalerweise nicht mehr als Stufe 2 (Seite 66).

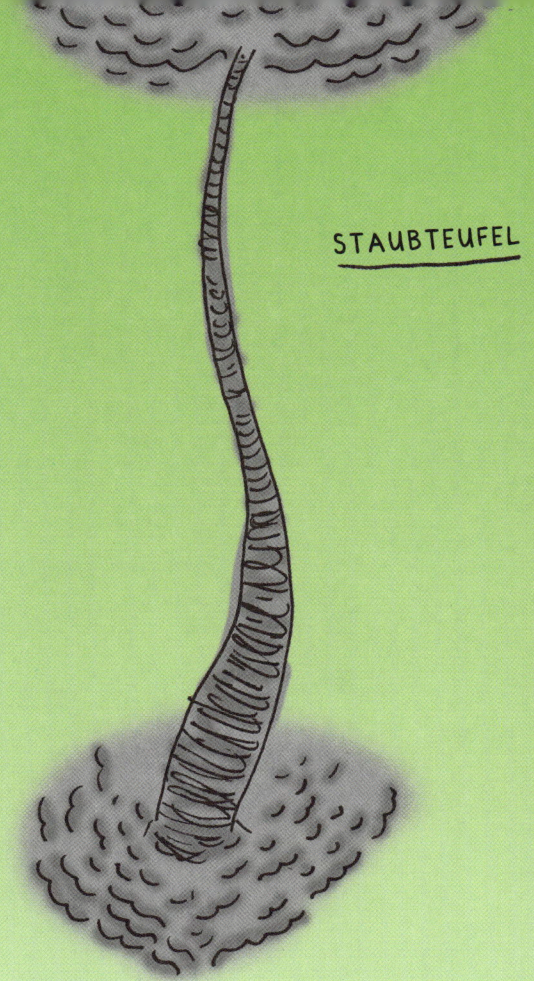

Manchmal färbt sich der Himmel vor einem Tornado grünlich-gelb. Es könnte sein, dass sich das goldene Licht der tief stehenden Sonne durch den Filter der Gewitterwolken mit dem blauen Himmel verbindet und so eine grünliche Färbung entsteht.

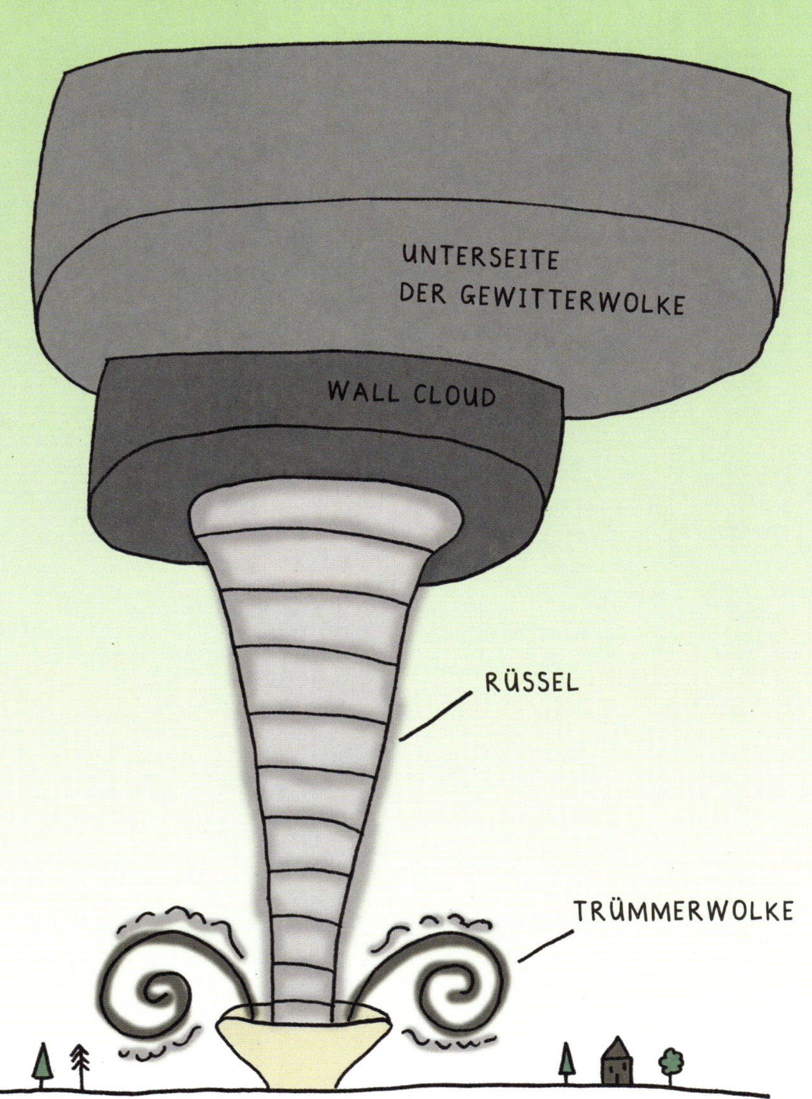

AUFBAU EINES TORNADOS

Unter der Gewitterwolke bildet sich eine dicke Sockelwolke: eine rotierende „Wall Cloud". Hier konzentrieren sich die stärksten Aufwinde. Der Rüssel besteht aus Wassertröpfchen (kondensiertem Wasser) und reicht von der Wall Cloud bis zum Boden. An der Basis des Rüssels befindet sich oft eine Trümmerwolke, die den Trichter vollständig verdecken kann.

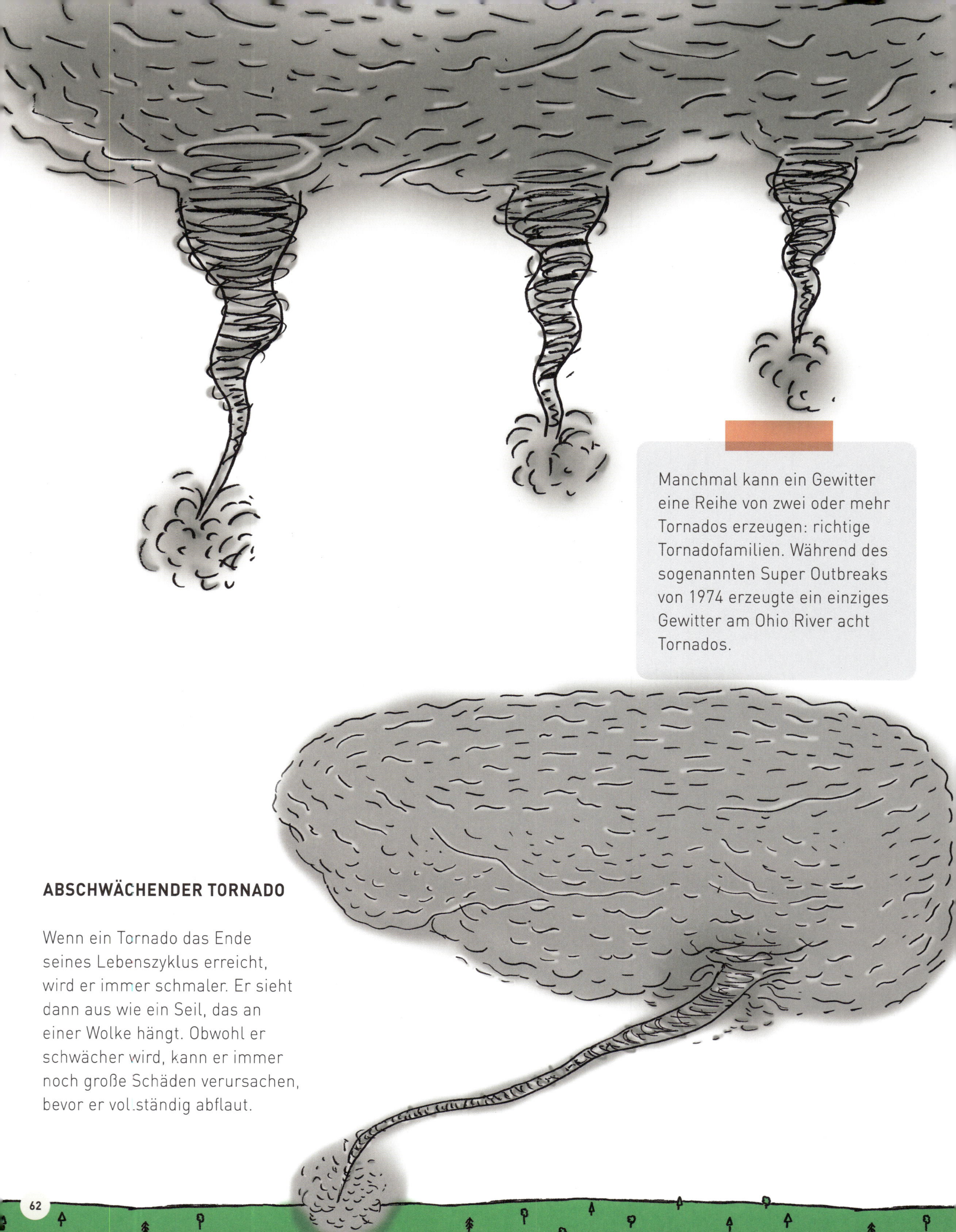

Manchmal kann ein Gewitter eine Reihe von zwei oder mehr Tornados erzeugen: richtige Tornadofamilien. Während des sogenannten Super Outbreaks von 1974 erzeugte ein einziges Gewitter am Ohio River acht Tornados.

ABSCHWÄCHENDER TORNADO

Wenn ein Tornado das Ende seines Lebenszyklus erreicht, wird er immer schmaler. Er sieht dann aus wie ein Seil, das an einer Wolke hängt. Obwohl er schwächer wird, kann er immer noch große Schäden verursachen, bevor er vol.ständig abflaut.

FORMEN

Es gibt Tornados in allen möglichen Formen und Größen. Ein durchschnittlicher Tornado hat einen Durchmesser von etwa 150 Metern. Ein riesiger keilförmiger Tornado erreicht Durchmesser von 2 Kilometern oder mehr.

KEILFÖRMIGER TORNADO

Mindestens so breit wie hoch.
In der Regel sehr groß und zerstörerisch.

VIELWIRBELIGER TORNADO

Enthält kleine Einzeltornados, die um ein gemeinsames Zentrum kreisen.

OFENROHRFÖRMIGER TORNADO

Lang und zylindrisch

KEGELFÖRMIGER TORNADO

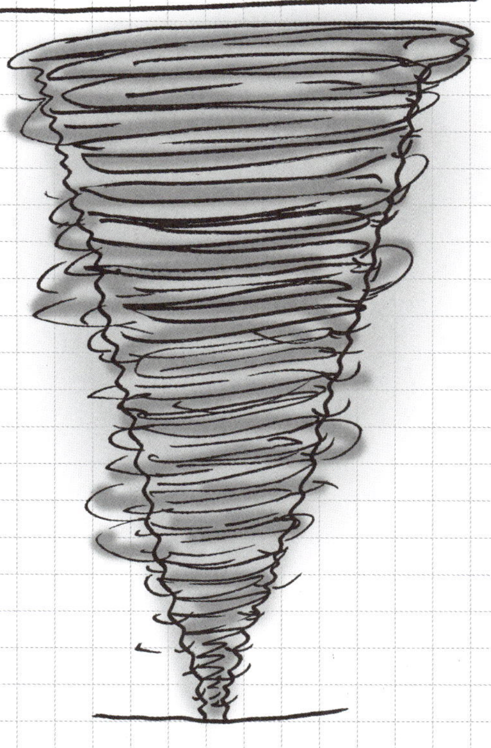

Unten schmal und oben breit

ERKENNEN EINES TORNADOS

1953 entdeckten Meteorologen, dass ihre Radargeräte ein bestimmtes hakenförmiges Muster (Hakenecho genannt) aufnahmen, wenn ein Gewitter im Begriff war, einen Tornado zu bilden.

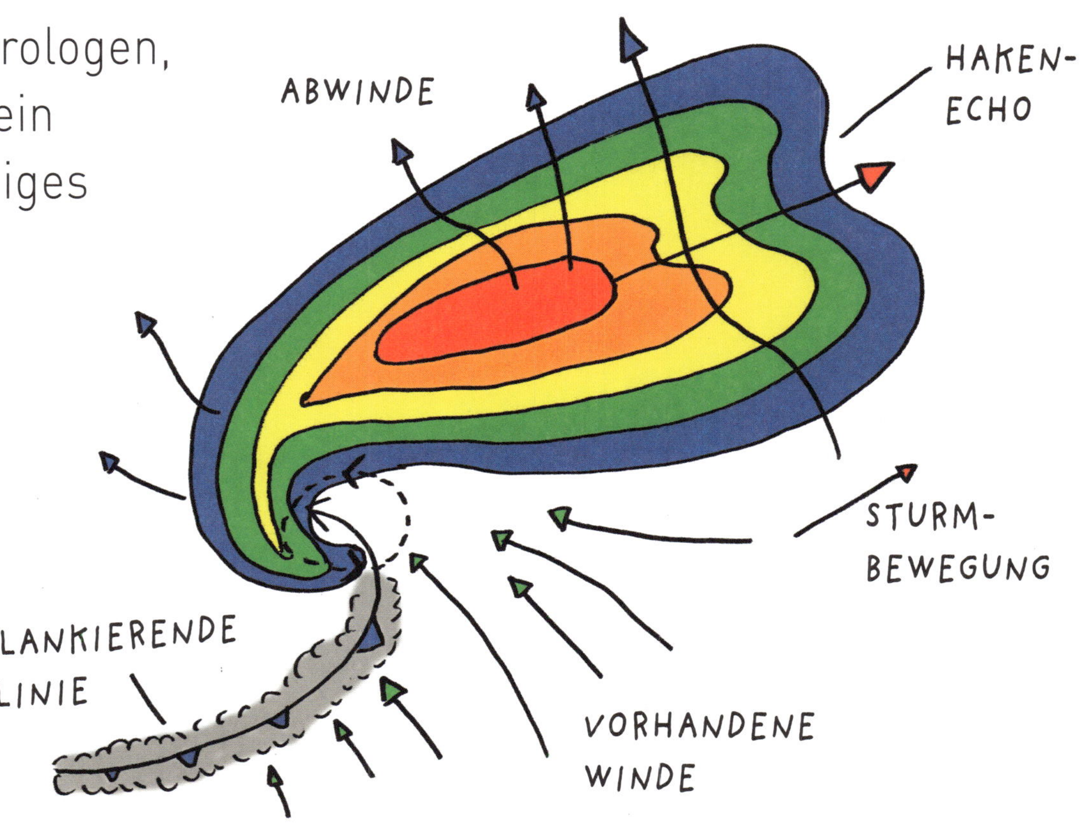

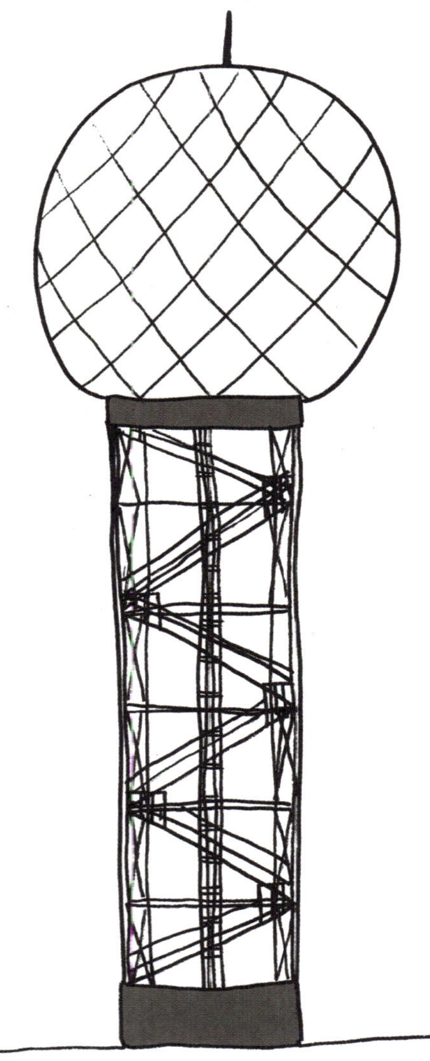

Heute messen Radargeräte die Geschwindigkeit und Richtung der Winde eines Unwetters und können erkennen, dass sich eine Superzelle in 160 Kilometer Entfernung zusammenbrauen könnte.

Die Radargeräte können Tornados aber nicht vorhersagen. Dafür verlassen sich Meteorologen in den USA auf geschulte Beobachter, die Tornados erkennen. Sie achten darauf, ob ein Gewitter die Merkmale einer Superzelle aufweist: kuppelartige Spitze, die bis in die Stratosphäre reicht, Korkenzieherbewegung und rotierende Wolkenwände. Wenn sie diese Anzeichen finden, beobachten sie das Unwetter und geben Echtzeitwarnungen aus.

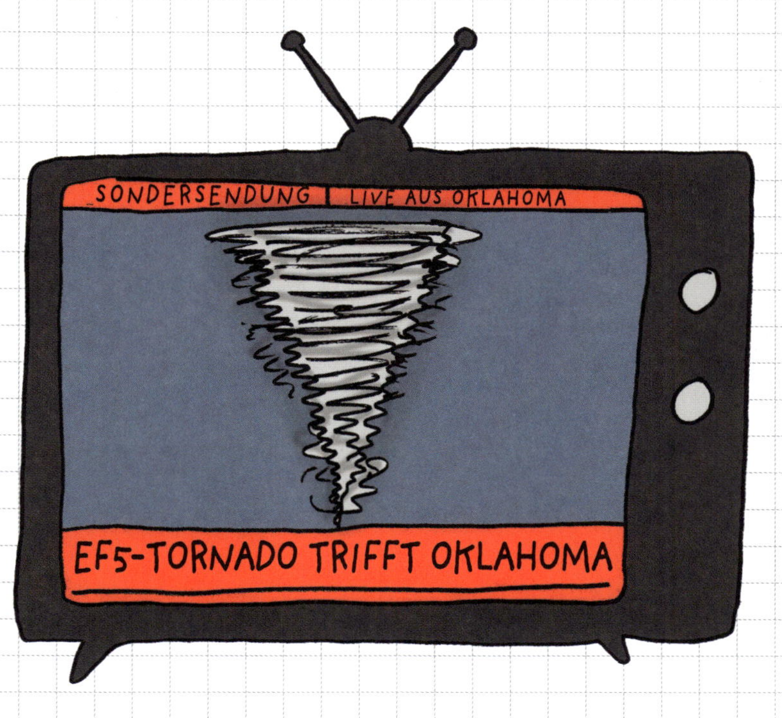

Ein durchschnittlicher Tornado dauert etwa 8 Minuten und legt eine Strecke zwischen 5 und 10 Kilometern mit einer Geschwindigkeit von 45 Kilometern pro Stunde zurück.

Ein besonders extremer Tornado kann einen Durchmesser von bis zu 4 Kilometern erreichen, bis zu 3 Stunden dauern und sich mit einer Geschwindigkeit von 480 Kilometern pro Stunde fortbewegen.

In den USA gibt es jedes Jahr etwa 1200 Tornados. Nur 2 Prozent von ihnen sind große Tornados. Die verursachen aber 80 Prozent der Schäden und Todesopfer. Durch Tornados sterben in den USA jährlich durchschnittlich 70 Menschen und es entstehen Schäden in Höhe von etwa 400 Millionen Dollar.

Wind und herumfliegende Trümmer verursachen die meisten Schäden bei Tornados. Fast die Hälfte aller Verletzungen aber ereignet sich nach dem Tornado während der Rettungs- und Aufräumarbeiten: Viele Menschen sind in Nägel getreten!

MESSUNG VON TORNADOS

Der Wind von Tornados ist so stark, dass er Geräte zur Messung der Windgeschwindigkeit sofort zerstören würde. Um die Windstärke eines Tornados abzuschätzen, greifen Meteorologinnen und Meteorologen daher auf eine Skala zurück (Enhanced Fujita Skala, EF), die die von einem Tornado verursachten Schäden misst.

EF#	WINDGESCHWINDIGKEIT (km/h)		SCHADENSSTUFE
0	105–137		**Leichte Schäden:** Äste brechen ab, Dachrinnen werden abgerissen, Dachziegel wehen weg.
1	138–177		**Mäßige Schäden:** Dächer werden beschädigt, Wohnwagen umgestürzt, Fenster zerbrochen, Türen weggesprengt.
2	179–217		**Beträchtliche Schäden:** Dächer werden weggerissen, Bäume umgeknickt, Autos vom Boden abgehoben.
3	219–266		**Schwere Schäden:** Häuser werden zerstört, große Gebäude beschädigt; Züge umgestürzt.
4	267–322		**Verheerende Schäden:** Häuser werden dem Erdboden gleichgemacht, Autos und Lastwagen weit weggeschleudert.
5	322+		**Totale Zerstörung:** Häuser und hohe Gebäude werden explosionsartig auseinandergerissen. Straßen werden aufgerissen, Flussbetten ausgesaugt und Städte in Schutt und Asche gelegt.

OHREN AUF

Meistens gehen Tornados Gewitter und Hagel voraus. Im Mittleren Westen der USA zum Beispiel können sie aber auch ohne Regen auftreten. Wer ein lautes Grollen hört, sollte auf der Hut sein. Tornados sind extrem laut: Wenn sie näher kommen, können sie wie das Dröhnen eines Flugzeugmotors klingen.

DAS TUST DU BEI EINEM TORNADO

Suche Schutz vor herumfliegenden Trümmern! Befindest du dich im Haus, verschanze dich unter einem stabilen Tisch im Keller oder an einem Platz unter einer Treppe. Halt dich von Fenstern fern. Du kannst eine Matratze als zusätzliche Deckung verwenden.

Wenn du in einem Wohnwagen bist, musst du bei einer Warnung sofort in ein stabiles Gebäude flüchten.

Erwischt es dich im Freien, halte dich in Bodennähe auf, am besten in einem Graben. Halte dich an einem Baumstamm oder einem anderen stabilen Gegenstand fest, damit du nicht herumgeschleudert wirst.

TORNADO-MÄRCHEN

Es stimmt nicht, dass geschlossene Fenster während eines Tornados Gebäude explodieren lassen. Windkraft zerstört die Gebäude, mit Luftdruckunterschieden hat das nichts zu tun.

Der Rat, in einem rechten Winkel mit dem Auto von einem Tornado wegzufahren, ist auch falsch: Tornados bewegen sich nicht immer gradlinig. Es ist viel klüger, das Auto zu verlassen und in einem Gebäude Schutz zu suchen.

DIE STÄRKSTEN UND DIE SCHLIMMSTEN

Daulatpur-Saturia-Tornado, Bangladesch / 26. April 1989

Der 1 Kilometer breite Tornado fegte durch eine arme Region mit instabilen Häusern: 1300 Menschen starben und 80.000 wurden obdachlos.

Tri-State-Tornado, USA / 18. März, 1925

Mit Windgeschwindigkeiten von 480 Kilometern pro Stunde zog er eine 320 Kilometer lange Schneise durch Missouri, Indiana und Illinois, forderte 695 Todesopfer und zerstörte 15.000 Häuser.

Joplin, Missouri, USA / 22. Mai 2011

Mit Windgeschwindigkeiten von über 300 Kilometern pro Stunde tötete der Tornado 158 Menschen und verletzte Tausende.

Hackleburg, Alabama / 27. April 2011

Der Sturm gehörte zu einer extremen Serie von Tornados. Er schleuderte auf seinem 200 Kilometer langen Weg Fahrzeuge bis zu 150 Meter weit.

Iwanowo, Russland / 9. Juni 1984

Eine ganze Reihe von Tornados traf ein Gebiet nördlich von Moskau. Mindestens zwei von ihnen erreichten die Kategorie EF5. Sie rissen große Gebäude vom Boden weg und töteten mindestens 92 Menschen.

SCHNEE- UND HAGELSTÜRME

SCHNEESTURM

Zu einem starken, auch Blizzard genannten Schneesturm gehören sehr niedrige Temperaturen, starke Winde und eine sehr geringe Sichtweite über drei Stunden oder mehr.

WIE ENTSTEHEN SCHNEESTÜRME?

Ein Schneesturm entsteht, wenn warme, feuchte Luft auf gefrierende, trockene Luft trifft. Dazwischen bildet sich ein Feld, das den Schneesturm erzeugt. Bei Windstärken von mehr als 56 Kilometern pro Stunde spricht man von einem Blizzard.

Der Unterschied zwischen einem Schneesturm und dem selteneren Blizzard besteht nicht im Schneefall, sondern in der Stärke des Windes. Bei manchen Blizzards fällt überhaupt kein Schnee – der Wind bläst den Schnee am Boden hoch und schränkt die Sicht ein.

Extreme Schneestürme haben Windgeschwindigkeiten von über 72 Kilometern pro Stunde und Temperaturen von minus 12 Grad. Sie können einen „Whiteout" verursachen, sodass man noch nicht mal seine eigenen Hände sehen kann.

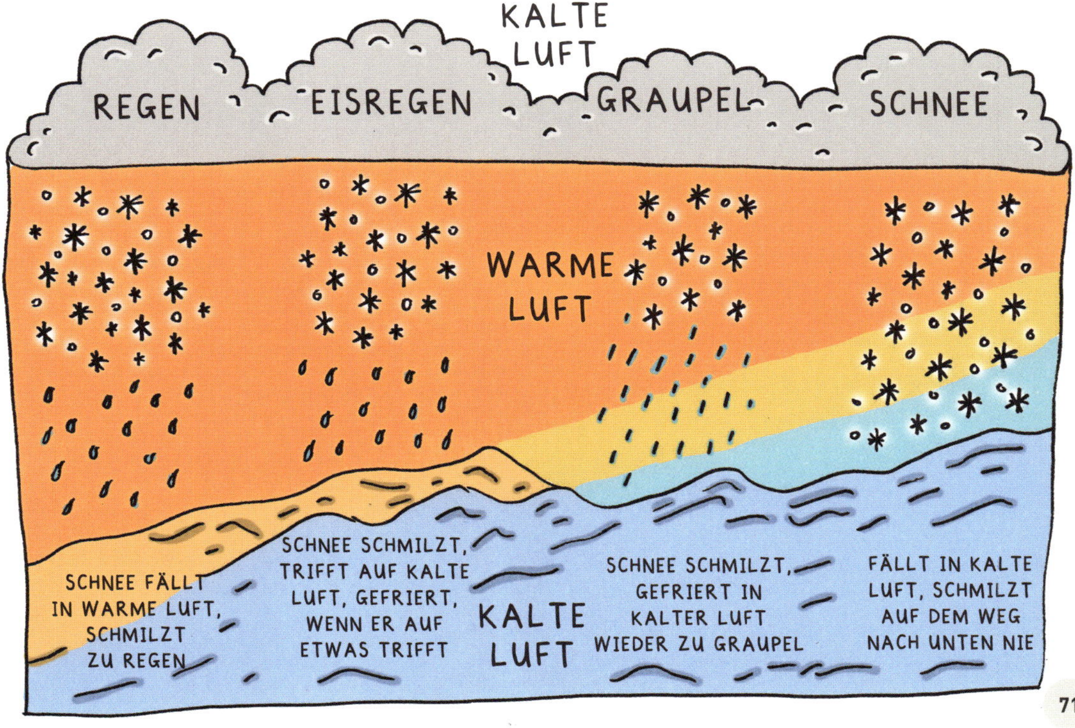

DAS TUST DU BEI EINEM BLIZZARD

Auf die Schneesturmsaison vorbereiten: Autos sollten vollgetankt und Notvorräte im Haus sein (ein Radio mit Batterien, Kerzen, ein Mobiltelefon und viele Decken).

Sofort Schutz suchen! Es ist sehr gefährlich, bei einem Blizzard zu Fuß oder im Auto unterwegs zu sein. Du siehst wenig und kannst dich verkühlen.

Iss niemals Schnee in einem Schneesturm, denn er senkt deine Körpertemperatur!

AUSWIRKUNGEN VON SCHNEESTÜRMEN

Schneestürme können extrem gefährlich sein. Menschen, die von einem Schneesturm im Freien eingeschlossen sind, unterkühlen schnell, erleiden Erfrierungen und Nervenschäden.

Blizzards können Schäden an Kommunikations- und Stromleitungen verursachen. Ganze Orte bleiben oft tagelang unerreichbar, Dächer stürzen ein und Bäume werden entwurzelt. Es kommt oft zu Überschwemmungen, wenn der Schnee schneller schmilzt, als der Boden ihn aufnehmen kann.

Die Bergregionen werden eher von „einfachen" Schneestürmen getroffen als von Blizzards. Es sind vielmehr die großen flachen Ebenen, in denen der Wind Blizzard-Geschwindigkeit erreichen kann.

Der Begriff Blizzard wurde zum ersten Mal in den 1870er Jahren in Iowa zur Beschreibung eines Schneesturms verwendet.

HAGELSTÜRME

Bei einem Hagelsturm fallen Hagelkörner, also kleine Eiskugeln, vom Himmel. Die meisten haben einen Durchmesser von etwa 0,5 Zentimetern. Sie können aber auch die Größe einer Grapefruit erreichen. Wenn Eiskugeln dieser Größe mit einer Geschwindigkeit von bis zu 170 Kilometern pro Stunde vom Himmel fallen, verursachen sie große Schäden.

Rekord: In South Dakota wurde 2010 ein Hagelkorn von 20 Zentimeter Durchmesser und fast 1000 Gramm Gewicht gefunden.

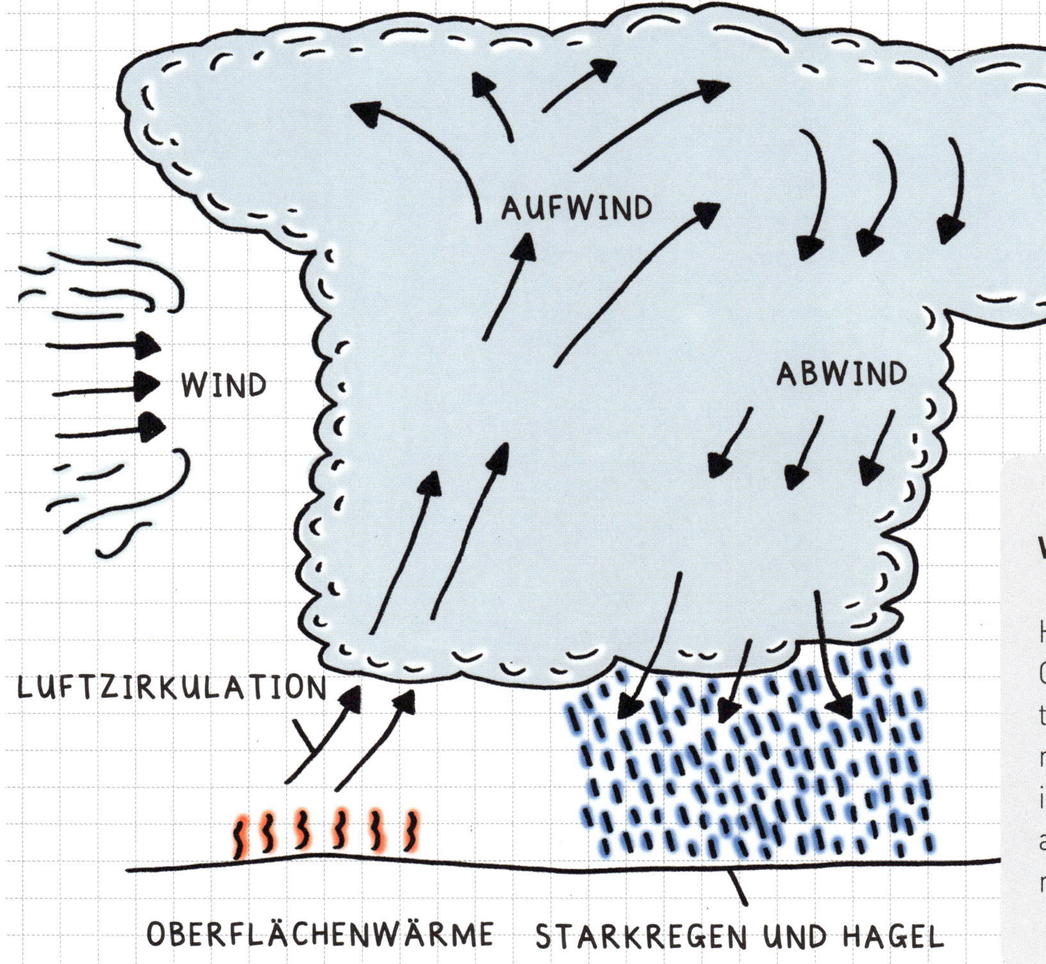

WO ENTSTEHT HAGEL?

Hagel bildet sich in ambossförmigen Gewitterwolken mit aufwärts gerichteten Luftströmungen. Solche Wolken reichen bis zu 20.000 Kilometer hoch in die Atmosphäre. Die Temperatur an der Spitze der Wolken beträgt minus 20 Grad.

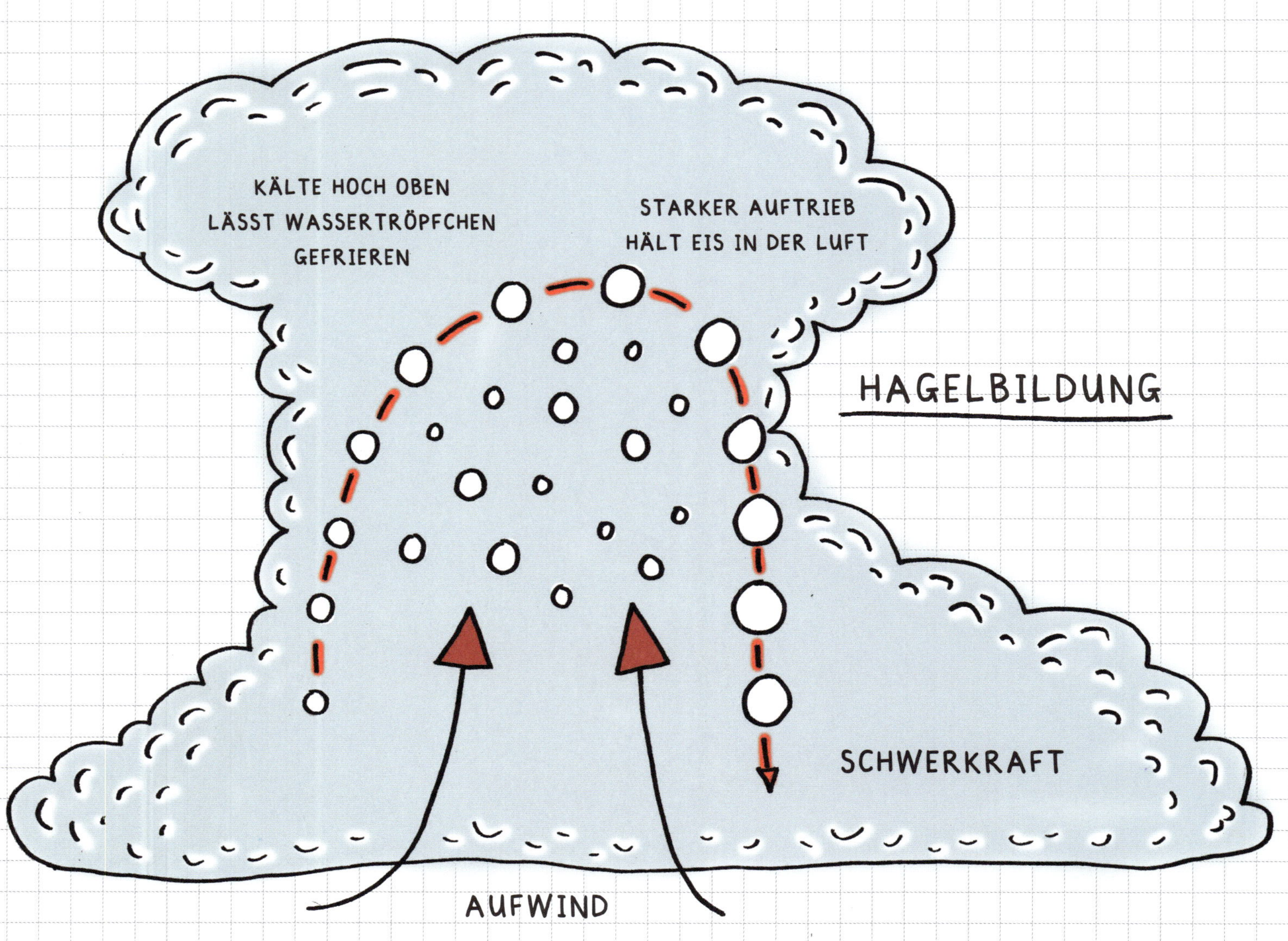

WIE ENTSTEHT HAGEL?

Hagelkörner sind anfangs gefrorene Wassertröpfchen. Aufwinde lassen diese sogenannten Hagelembryonen durch die Wolke hüpfen, wo sie auf andere eisige Wassertröpfchen treffen und zu wachsen beginnen. Am Boden der Wolke werden sie von einer Feuchtigkeitsschicht überzogen. Sobald sie wieder nach oben hüpfen, gefriert diese Schicht. So wächst der Hagelembryo Schicht für Schicht wie eine Zwiebel. Wird er zu schwer, fällt er als Hagelkorn auf die Erde.

WUSSTEST DU, dass, wenn du ein Hagelkorn in zwei Hälften schneidest, du Ringe aus Eis erkennen kannst? Oben in der Wolke bilden sich klare Schichten und unten milchige. Wenn du die Ringe zählst, weißt du, wie oft das Hagelkorn auf den Boden der Wolke und wieder nach oben gehüpft ist!

HAGELFORMEN UND -GRÖSSEN

Wenn ein Hagelkorn eine Größe von einem halben Millimeter erreicht, wird es normalerweise von der Schwerkraft zur Erde gezogen. Aber in einer Gewitterwolke mit starken Aufwinden kann es im oberen Teil der Wolke weiterwachsen.

Manchmal kleben mehrere Hagelkörner aneinander, wenn sie umherhüpfen. Diese Hagelkörner sehen stachelig und asymmetrisch aus.

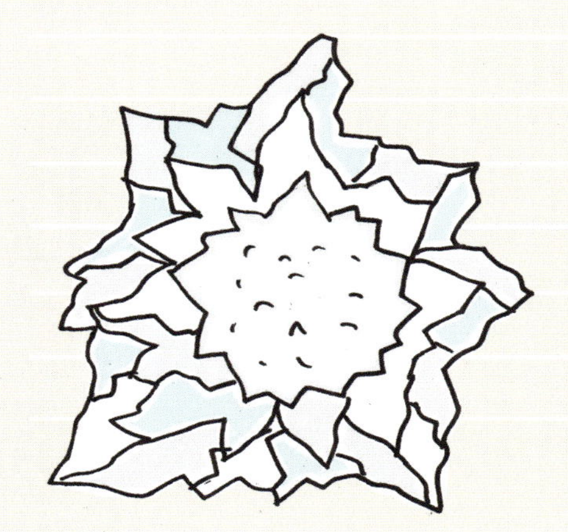

HAGELSCHADEN

GRÖSSE	HAGELKORN	SCHADEN
1 €	2,5 cm	SCHÄDEN AN DACHZIEGELN
Golfball	4,5 cm	DELLEN AUF AUTOS
Orange	7 cm	ZERTRÜMMERTE WINDSCHUTZSCHEIBEN
Grapefruit	11,5 cm	LÖCHER IN HAUS- UND AUTODÄCHERN

AUSWIRKUNGEN VON HAGELSTÜRMEN

Hagel richtet in der Landwirtschaft großen Schaden an. Selbst kleiner Hagel kann ein Weizenfeld in wenigen Minuten zerstören. Soja und Mais sind sehr anfällig.

Ein schwerer Hagelsturm (Hagelkörner von mehr als 2 Zentimetern Durchmesser) kann große Sachschäden verursachen: Autos verbeulen, Windschutzscheiben zertrümmern und sogar Löcher in Dächer schlagen.

In der Regel bleibt genügend Zeit, um sich vor Hagel in Sicherheit zu bringen. Nur selten führt er zu tödlichen Kopfverletzungen.

DAS TUST DU BEI EINEM HAGELSTURM

Im Haus: Halte dich von Fenstern fern. Sie könnten zerbrechen.

Bist du im Freien, suche sofort Schutz – am besten in einem Gebäude, sonst in einem Auto. Gehe nicht unter Bäume, da die vom Blitz getroffen werden können.

Wenn es wirklich keinen Unterschlupf gibt, schütze deinen Kopf so gut es geht – zur Not halte deine Schuhe über den Kopf.

Seid ihr mit dem Auto unterwegs, haltet an. Wickelt euren Kopf in einen Mantel und dreht euch zum Schutz vor Glasscherben in die Mitte des Fahrzeugs.

In einigen Teilen der Welt hagelt es häufig. Die Monsunzeit in Indien bringt beispielsweise Gewitter und Hagel mit sich. Auch in Australien und China kommt es häufig zu Hagelstürmen. Im Mittleren Westen der USA dauert die Hagelsaison von März bis Oktober.

Viele Hagelstürme treten im Sommer auf. Das liegt daran, dass sich große Wolken eher in der wärmeren Jahreszeit bilden. Der Hagel, der in den Sommermonaten fällt, schmilzt schnell und bringt deshalb die Gefahr von Überflutungen mit sich.

DIE STÄRKSTEN UND DIE SCHLIMMSTEN

Gopalganj, Bangladesch, Hagelsturm / 1986

Bei diesem heftigen Hagelsturm kamen insgesamt 92 Menschen ums Leben. Es wurde das schwerste jemals aufgezeichnete Hagelkorn mit einem Gewicht von 1 Kilogramm gefunden.

Edmonton, Kanada, Hagelsturm / 2004

Hagelkörner in der Größe von Golfbällen hinterließen eine 6 Zentimeter dicke Eisdecke auf dem Boden. Die Wucht des Hagels brachte das Glasdach eines Einkaufszentrums zum Zerspringen.

Iran, Blizzard / 1972

Der tödlichste Schneesturm der Geschichte schüttete mehr als 5 Meter Schnee auf die Dörfer in der Umgebung von Ardakan im Süden Irans, begrub sie vollständig und kostete rund 4000 Menschen das Leben.

Jahrhundertsturm, Nordamerika / 1993

Dieser auch als „The Great Blizzard" bekannt gewordene Sturm erstreckte sich von Kanada bis Honduras. Er brachte Rekordtemperaturen, Stromausfälle und 33 Zentimeter Schnee bis nach Alabama mit sich. Insgesamt starben 208 Menschen.

Winterstürme, China / 2008

Eine Reihe von Winterstürmen und Blizzards suchten Zentral- und Südchina heim. 200.000 Häuser wurden zerstört und 200 Menschen starben. Der Ausfall von Ernten führte zu Lebensmittelknappheit.

WALDBRÄNDE

Ein Wald- oder Buschbrand ist ein großes, zerstörerisches, unkontrolliertes Feuer, das sich schnell über Wälder oder Buschland ausbreitet. Solche Brände können wochen- oder sogar monatelang andauern und große Landstriche und die darin lebende Tierwelt vernichten.

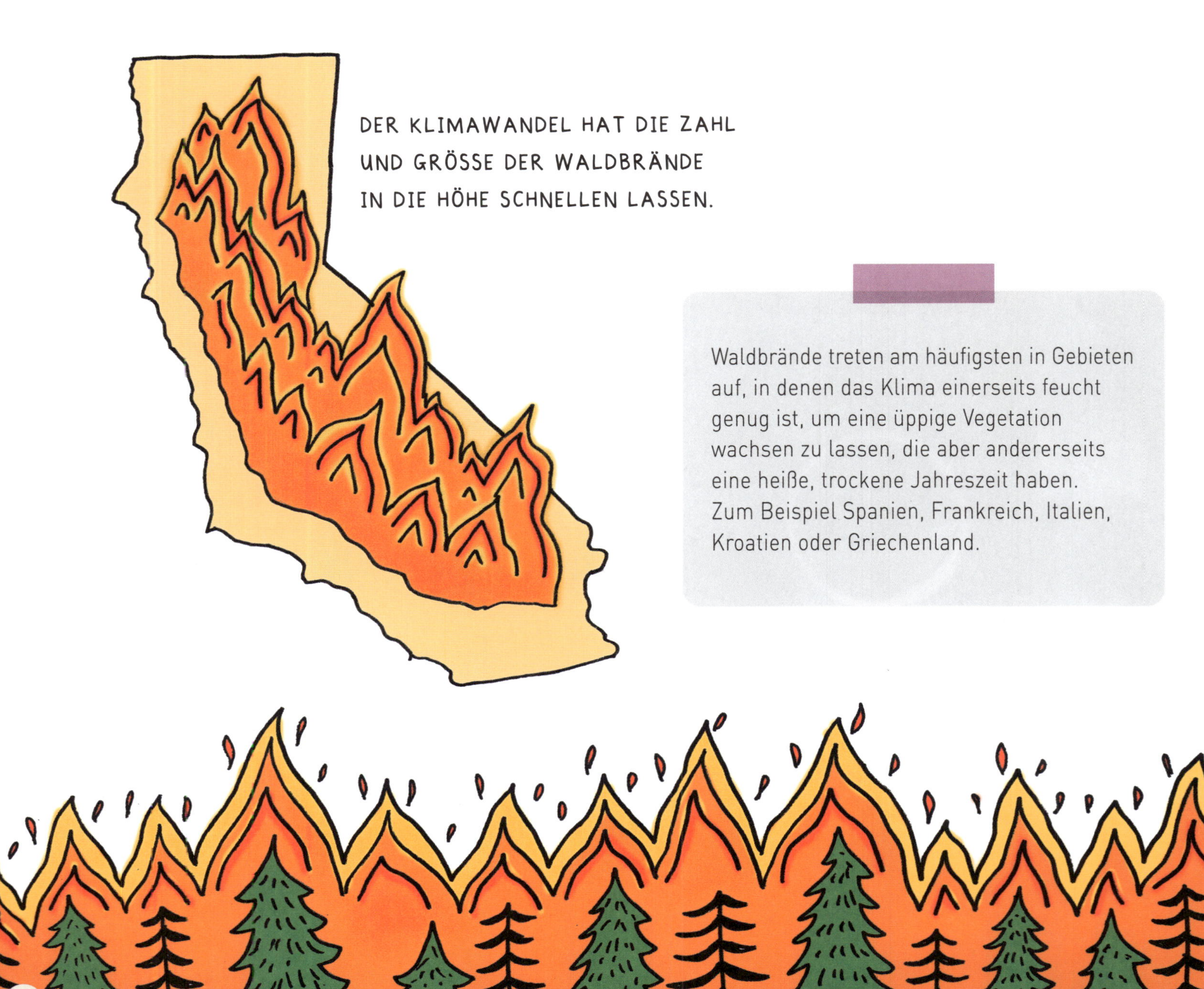

Waldbrände treten am häufigsten in Gebieten auf, in denen das Klima einerseits feucht genug ist, um eine üppige Vegetation wachsen zu lassen, die aber andererseits eine heiße, trockene Jahreszeit haben. Zum Beispiel Spanien, Frankreich, Italien, Kroatien oder Griechenland.

WIE ENTSTEHEN SIE?

Vier von fünf Waldbränden werden von Menschen ausgelöst: durch Lagerfeuer, weggeworfene Zigaretten, brennenden Müll und Funken von elektrischen Geräten. Waldfeuer haben speziell in abgelegenen Gebieten aber auch natürliche Ursachen wie Blitzschlag und Vulkanausbrüche.

Damit sich ein Feuer entzünden kann, muss dreierlei vorhanden sein: Brennstoff, Sauerstoff und Hitze. Die Feuerwehr nennt das Verbrennungsdreieck.

- **BRENNSTOFF** ist das Material, das das Feuer nährt. Bei Waldbränden sind dies in der Regel Pflanzen: trockene Blätter, Äste.
- **SAUERSTOFF** ist in der Luft enthalten und reagiert mit der im Brennstoff gespeicherten Energie. So entsteht Hitze.
- **HITZE** entzieht den Pflanzen rundum die Feuchtigkeit und macht sie leicht entflammbar.

Ausbreitung stoppen: Man muss eines dieser Elemente entfernen, um das Dreieck zu durchbrechen.

AUSBREITUNG

Wenn ein Waldbrand erst einmal ausgebrochen ist, können einige Faktoren dazu führen, dass er sich noch schneller ausbreitet:

TEMPERATUR

Eine lange Hitzeperiode trocknet die Pflanzen aus und macht sie zum idealen Brennstoff. Viele Waldbrände beginnen am Nachmittag, der heißesten Zeit des Tages.

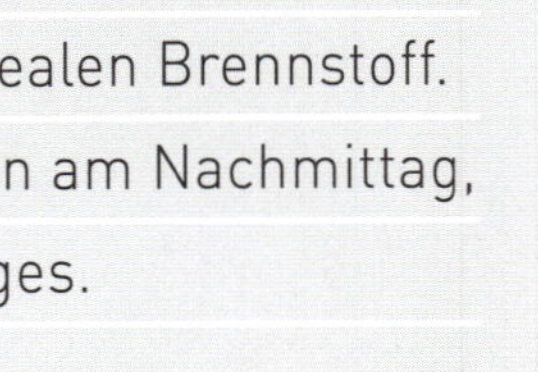

FEUERTEUFEL GENANNTE FEUERWIRBEL SCHLEUDERN BRENNENDE HOLZSCHEITE ÜBER GROSSE ENTFERNUNGEN.

WIND

Heißer, trockener Wind treibt das Feuer an und versorgt es mit mehr Sauerstoff. Wenn der Wind seine Richtung ändert, kann das Feuer in neue Gebiete springen.

Wirklich heftige Waldbrände erzeugen ihre eigenen Winde, die zu „Feuerteufeln" führen. Das sind feurige säulenartige Luftwirbel, die wie Staubteufel funktionieren (Seite 63).

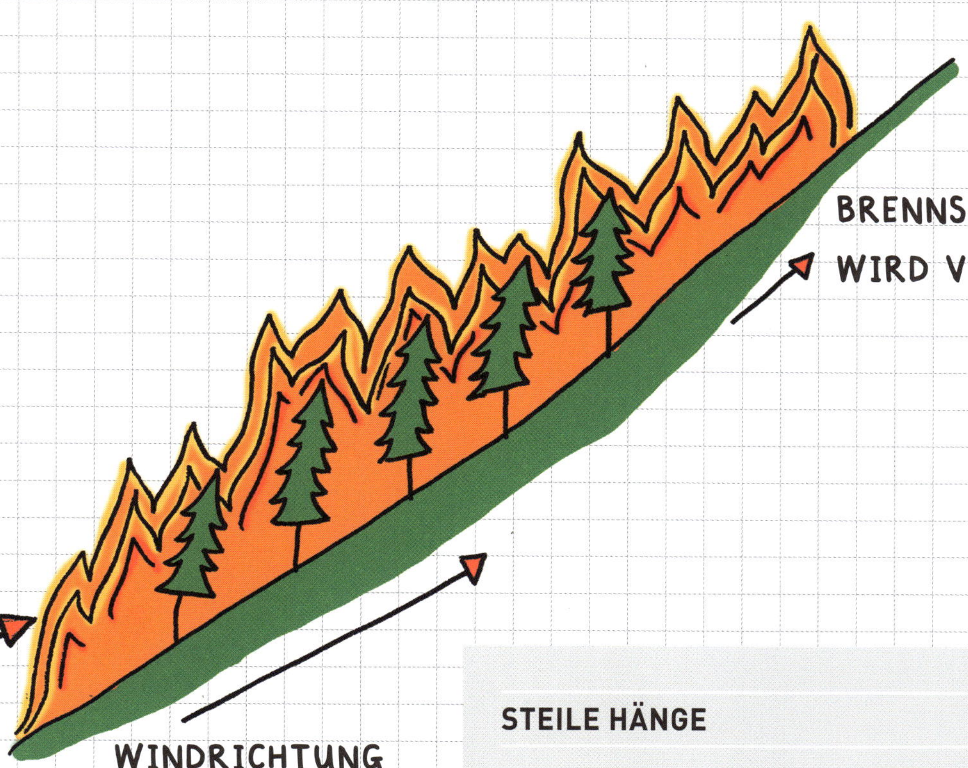

BRENNSTOFF BERGAUF WIRD VORGEWÄRMT

FRISCHE ZUFUHR VON SAUERSTOFF

WINDRICHTUNG

STEILE HÄNGE

Bergauf breiten sich Waldbrände schneller aus: je steiler der Hang, desto schneller. Erstens, weil der Wind in der Regel bergauf strömt. Zweitens, weil die aufsteigende Hitze den Brennstoff vorwärmt.

BRENNSTOFF

Einige Arten von Brennstoff sind brennbarer als andere. Pflanzen mit viel Feuchtigkeit verlangsamen ein Feuer. Trockene Gräser, totes Laub und ausgedörrtes Gestrüpp beschleunigen es. Einige Bäume wie der Eukalyptus enthalten sogar leicht entflammbare Öle. Die Bäume haben sich so entwickelt, dass sie Brände überleben und sogar begünstigen. Auf diese Weise können sie andere Baumarten ausschalten und sich besser an einem Standort verbreiten.

Eukalyptusblätter fangen leicht Feuer. Wenn das Feuer sie verbrannt hat, zieht es zum nächsten Baum weiter. Der Stamm bleibt intakt und der Eukalyptusbaum kann sich erholen.

ARTEN VON WALDBRÄNDEN

Es gibt drei Arten von Waldbränden. Bei einem großen Flächenbrand treten alle gleichzeitig auf.

Erd- oder Moorbrände leben von organischem Material im Boden, wie Torf. Es sind langsam brennende Feuer unter einer feuchten Vegetationsschicht.

Bodenbrände oder Lauffeuer verbrennen Gräser, trockene Blätter und Äste, die auf dem Boden liegen. Die Temperatur ist niedriger als bei Kronenbränden. Bodenbrände können sich langsam oder schnell ausbreiten.

Kronenbrände oder Vollbrände verbrennen die Baumkronen. Das sind die dramatischsten Brände mit riesigen Flammen, die von Baumkrone zu Baumkrone springen und sich schnell ausbreiten.

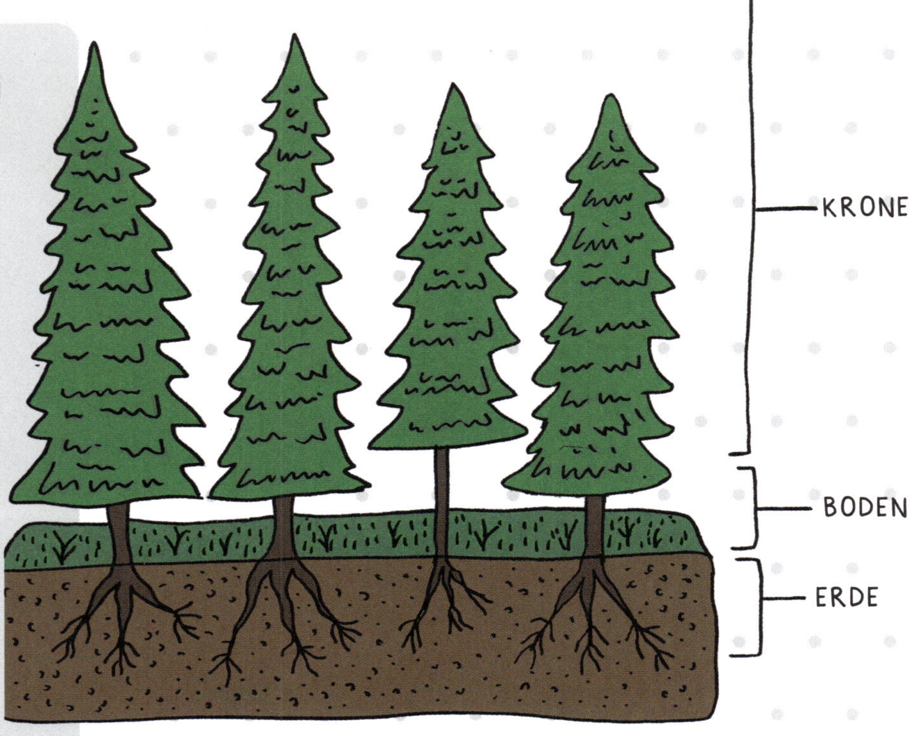

Waldbrände können Teil eines natürlichen Erneuerungskreislaufs sein. Einige Ökosysteme benötigen Brände, um Platz für neues Pflanzenwachstum zu schaffen. Kleinere Waldbrände brennen trockenes Gestrüpp ab, das Brennstoff für ein größeres Feuer liefern könnte. Viele Pflanzen wachsen leicht nach. Manche Samen brauchen sogar die Hitze, um aufzugehen, und finden in dem mit Asche angereicherten Boden ein willkommenes Zuhause.

Das Problem ist, dass mit der globalen Erwärmung die Waldbrände immer häufiger und heftiger werden. Ein großer Waldbrand verbrennt alle Nährstoffe im Boden. Pflanzen haben Schwierigkeiten nachzuwachsen. Die Hänge bleiben kahl. Eingewanderte Pflanzenarten können dann Wurzeln schlagen. Und die sind oft leichter entflammbar als einheimische Arten: die Waldbrandgefahr steigt.

WALDBRÄNDE BEKÄMPFEN

Waldbrände können enorm schnell wachsen und ihre Richtung ändern. Deshalb sind sie so schwer zu kontrollieren. Manchmal dauert es Wochen oder sogar Monate, bis ein Feuer gelöscht ist.

Hier siehst du einige der Methoden, die die Feuerwehrleute anwenden, um das Verbrennungsdreieck zu durchbrechen:

Von speziellen Löschflugzeugen aus bekämpfen sie das Feuer mit Wasser und Löschmitteln.

Mit Bulldozern roden sie das Land ringförmig um das Feuer, um ihm den Brennstoff zu entziehen. Das heißt: Brandschneise.

Feuerwehrleute springen aus Flugzeugen ab und löschen kleine Brände, um deren Ausbreitung zu verhindern. Sie legen auch kleine Brände. Die bewegen sich in Richtung des Hauptfeuers und verbrauchen den Brennstoff, bevor das große Feuer dorthin gelangen kann.

AUSWIRKUNGEN VON WALDBRÄNDEN

Ein Feuer kann sich mit einer Geschwindigkeit von 23 Kilometern pro Stunde ausbreiten und alles auf seinem Weg verzehren. In wenigen Tagen kann es riesige Waldökosysteme verwüsten und alles pflanzliche und tierische Leben darin vernichten – natürlich auch Dörfer und Städte in der Nähe.

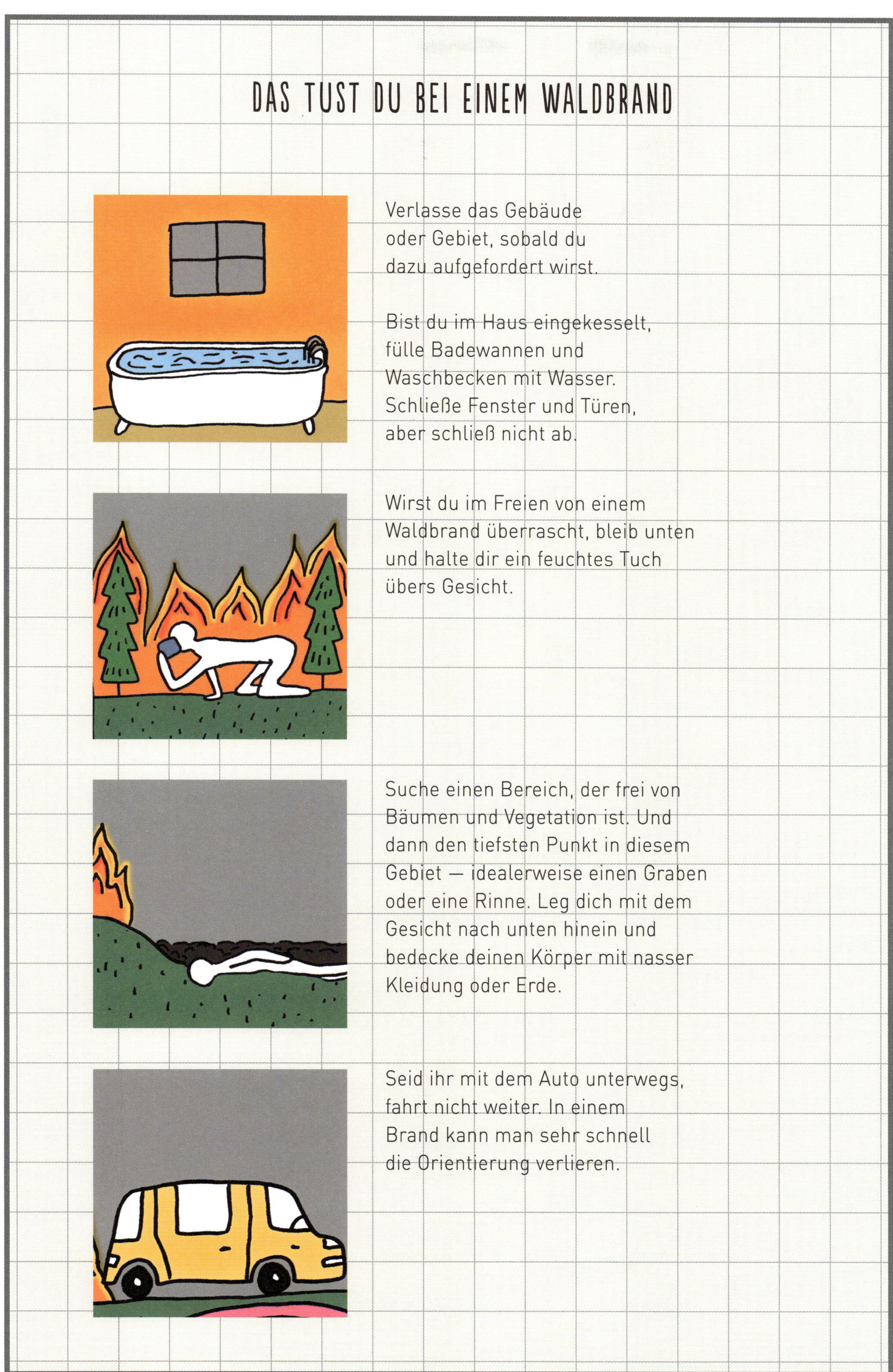

DAS TUST DU BEI EINEM WALDBRAND

Verlasse das Gebäude oder Gebiet, sobald du dazu aufgefordert wirst.

Bist du im Haus eingekesselt, fülle Badewannen und Waschbecken mit Wasser. Schließe Fenster und Türen, aber schließ nicht ab.

Wirst du im Freien von einem Waldbrand überrascht, bleib unten und halte dir ein feuchtes Tuch übers Gesicht.

Suche einen Bereich, der frei von Bäumen und Vegetation ist. Und dann den tiefsten Punkt in diesem Gebiet – idealerweise einen Graben oder eine Rinne. Leg dich mit dem Gesicht nach unten hinein und bedecke deinen Körper mit nasser Kleidung oder Erde.

Seid ihr mit dem Auto unterwegs, fahrt nicht weiter. In einem Brand kann man sehr schnell die Orientierung verlieren.

DIE GRÖSSTEN UND DIE SCHLIMMSTEN

Nordwest-Territorien, Kanada / 2023

Einer der schlimmsten Waldbrände in Kanada. Er zerstörte eine Fläche, so groß wie Baden-Württemberg, Bayern und Nordrhein-Westfalen.

Waldbrände in Indonesien / 1997

Das ganze Jahr über wüteten Brände in den Wäldern Indonesiens, die mehr als 97.000 Quadratkilometer Wald vernichteten. Der größte bekannte Waldbrand setzte 2,6 Gigatonnen CO_2 in die Atmosphäre frei und tötete 240 Menschen. Das Feuer war eine Folge der Trockenlegung von Sümpfen und der Abholzung des Waldes mit dem Ziel, Palmölplantagen zu errichten.

Buschbrände Australien / „Schwarzer Samstag" 2009

Nach einer Hitzewelle wüteten mehrere Buschbrände im Bundesstaat Victoria. 180 Menschen wurden getötet und 500 verletzt. 4500 Quadratkilometer Buschland verbrannten.

Mendocino-Komplex, Kalifornien / 2018

Zwei riesige Waldbrände in Nordkalifornien zerstörten 1900 Quadratkilometer Land. Es dauerte zwei Monate, sie einzudämmen. Es gab keine Todesopfer. Jedoch hat der schlimmste Waldbrand Kaliforniens große Umweltschäden verursacht.

Amazonas-Regenwald / 2019

Riesige Waldbrände im Amazonas-Regenwald in Brasilien, Bolivien, Paraguay und Peru vernichteten mindestens 20.000 Quadratkilometer Regenwald. Vermutlich wurden viele der Brände vorsätzlich gelegt, um Land zu gewinnen.

KLIMAWANDEL UND NATURKATASTROPHEN

BÄUME BINDEN CO_2. ABER VIELE REGENWÄLDER WERDEN ABGEHOLZT, UM ACKERLAND ZU GEWINNEN.

Das Wort „Klima" beschreibt die Wetterbedingungen in einem Gebiet über einen Zeitraum von 30 Jahren.

Die Erde verfügt über ein ausgeklügeltes Klima-Balance-System. Sie ist von der Atmosphäre, einer Schicht aus Gasen, umgeben. Die hält einen Teil der Sonnenwärme zurück, während ein anderer Teil der Wärme entweicht. Deshalb wird unser Planet weder zu heiß noch zu kalt. Doch in den letzten Jahrhunderten hat die Erde begonnen, sich schnell zu erwärmen.

Der Grund dafür ist der Ausstoß von Gasen, die als Treibhausgase bezeichnet werden. Das sind Gase, die Wärme herein-, aber nicht entweichen lassen. Dadurch steigt die Temperatur der Erde und ihr Klima verändert sich. Eines der wichtigsten Treibhausgase ist Kohlendioxid (CO_2). Es wird freigesetzt, wenn wir Brennstoffe wie Öl und Gas für den Betrieb unserer Autos, Kraftwerke und Fabriken verwenden.

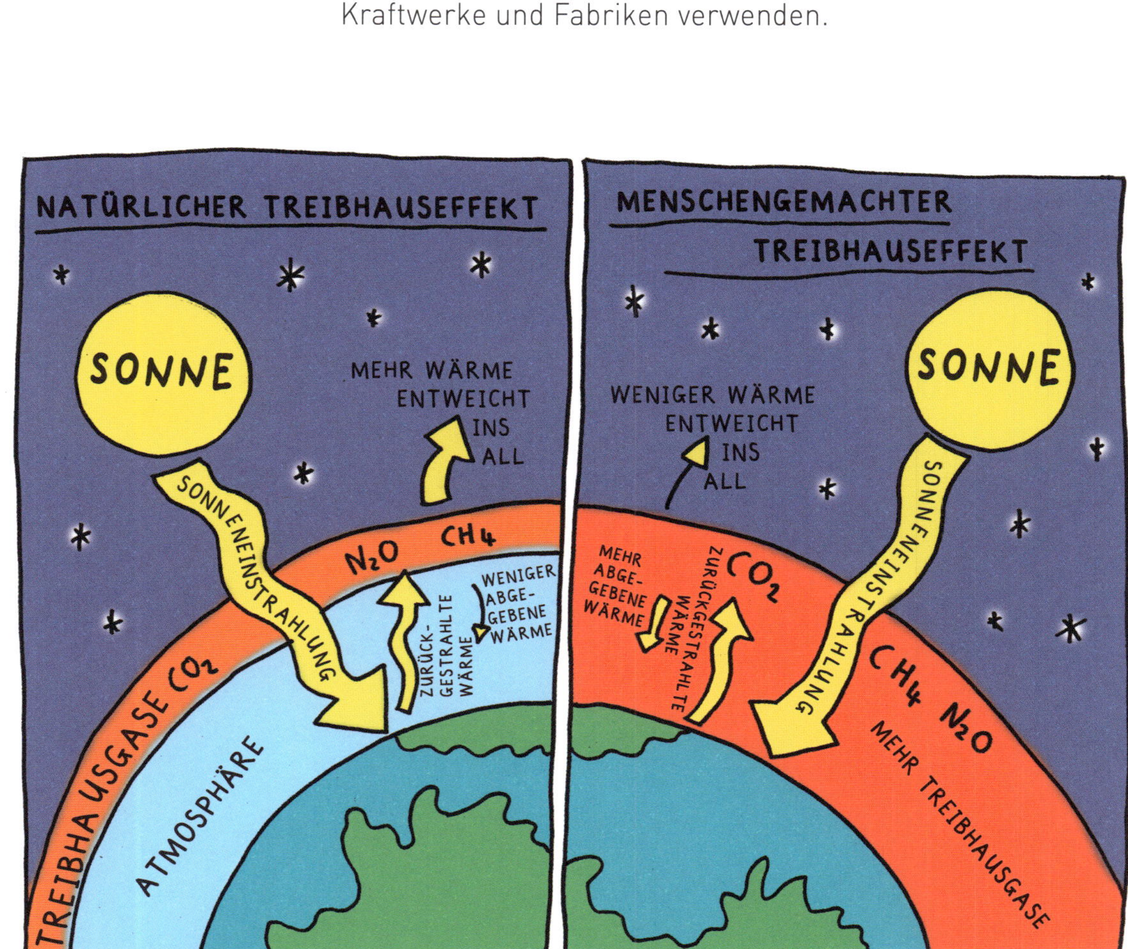

KLIMAWANDEL UND METEOROLOGISCHE KATASTROPHEN

Dadurch dass sich die Erde erwärmt, werden wir mehr Wetterextreme erleben.

ÜBERSCHWEMMUNGEN: Mit dem Abschmelzen der Polkappen steigt der Meeresspiegel und Küstengebieten drohen Überschwemmungen, Sturmfluten und Hochwasser. Durch die Erderwärmung gelangt mehr Wasserdampf in die Atmosphäre, wodurch sich starke Stürme entwickeln können.

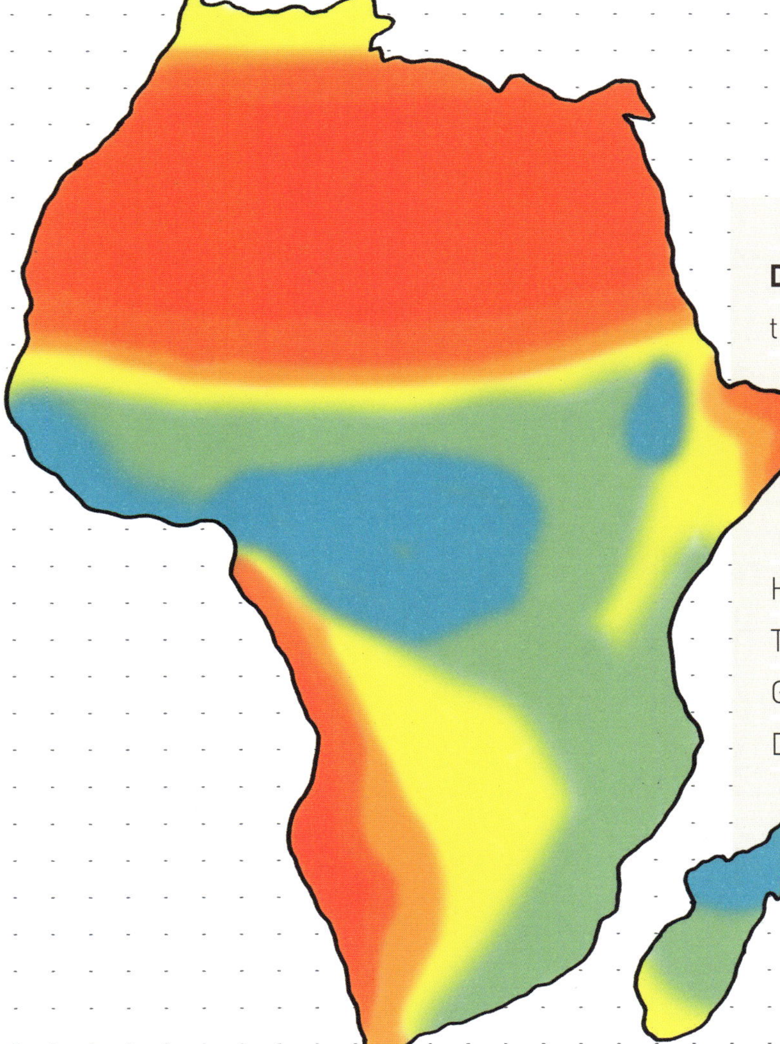

DÜRREN: Wenn das Wetter über Monate oder Jahre trocken ist, stirbt die Pflanzenwelt ab. Das wirkt sich auf die Tierwelt aus, die sich von dieser Pflanzenwelt ernährt. Auch wir Menschen, die für unsere Ernährung Nutzpflanzen anbauen, sind betroffen: Nahrungsmittelknappheit und Hungersnöte drohen. Es wird schwierig, sauberes Trinkwasser zu finden, was zu Krankheiten und Gesundheitskrisen führt. Wo jetzt schon gelegentlich Dürre herrscht, wird es wahrscheinlich regelmäßig längere Dürreperioden geben.

SCHNEESTÜRME, HAGELSTÜRME UND LAWINEN: Forschende glauben, dass der Klimawandel die Winter zwar kürzer, aber auch härter machen wird. Die zusätzliche Feuchtigkeit in der Luft könnte zu gewaltigen Schneestürmen führen. Kalte Luft aus der Arktis wird vielleicht weiter nach Süden vordringen als bisher und Schneestürme in Gebiete bringen, in denen sie normalerweise nicht auftreten.

TORNADOS: Mit mehr Feuchtigkeit in der Luft könnten Stürme häufiger und intensiver werden. Wie stark sich der Klimawandel auf die Tornadoaktivität auswirken wird, ist noch ungeklärt.

TROPISCHE WIRBELSTÜRME: Ob tropische Wirbelstürme als Folge des Klimawandels häufiger auftreten, ist umstritten. Aber Forschende sagen voraus, dass sie intensiver werden. Wenn die Meerestemperaturen steigen, haben tropische Wirbelstürme reichlich Treibstoff für ihre Aktivitäten. Schon jetzt wissen wir, dass die Intensität der Wirbelstürme im Nordatlantik in den letzten zwei Jahrzehnten zugenommen hat.

KLIMAWANDEL UND GEOLOGISCHE KATASTROPHEN

Klar ist, dass eine Erwärmung des Klimas zu veränderten Wettermustern führt und damit meteorologische Katastrophen verstärkt. Das scheint aber auch für geologische Katastrophen zu gelten.

ERDBEBEN UND TSUNAMIS: Es gibt Zusammenhänge zwischen extremen meteorologischen Ereignissen und Erdbeben. Es ist nach starken Regenfällen durch tropische Wirbelstürme schon zu Erdbeben gekommen. Forschende vermuten, dass die Überschwemmungen den Druck auf die Erdkruste verändern, sodass sich Verwerfungen leichter bewegen können. Wenn also die Wirbelstürme an Intensität zunehmen, könnte es in der Folge mehr Erdbeben geben.

Am Ende der letzten Eiszeit vor etwa 15.000 Jahren erlebte die Erde schon einmal eine große Erwärmung. Die Temperaturen stiegen um 6 Grad. Große Eisschilde schmolzen, der Druck auf Verwerfungen ließ nach. Das löste eine Reihe von Erdbeben der Stärke 8 aus. Dutzende von Riesenvulkanen, die unter Eis begraben waren, wurden wieder aktiv.

Heute schmelzen die Eiskappen Grönlands mit einer Geschwindigkeit von rund 272 Milliarden Tonnen pro Jahr. Wenn dadurch seismische Verwerfungen ausgelöst werden, können Tsunamis über den Nordatlantik rasen und die Küsten bewohnter Gebiete treffen.

VULKANE: Zurzeit sind 10 Prozent der aktiven Vulkane von Eis bedeckt. Wenn dieses Eis schmilzt, wird Magma an die Oberfläche steigen. Zudem kann das schmelzende Eis Erdrutsche an den Vulkanhängen verursachen. Die Magmakammern könnten dadurch destabilisiert werden und die Wahrscheinlichkeit von Ausbrüchen steigen.

WIE GEHT'S WEITER?

Menschen in ärmeren Ländern sind von Naturkatastrophen am stärksten betroffen. Schlecht gebaute Gebäude, Straßen und Brücken führen dazu, dass die Zerstörung viel größer ist und Rettungsmaßnahmen schwieriger durchzuführen sind. Obwohl sie am wenigsten für Treibhausgasemissionen verantwortlich sind, werden die Menschen in diesen Ländern am meisten unter dem Klimawandel leiden.

Die Menschheit steht vor der größten ökologischen Herausforderung ihrer Geschichte. Die Reduzierung des Treibhausgas-Ausstoßes ist ein Wettlauf gegen die Zeit. Aber nur so können wir unseren Planeten und die Vielfalt der auf ihm lebenden Arten retten.

REGISTER

IMPRESSUM

Dieses Buch ist Teil unseres Programms E. A. SEEMANNs BILDERBANDE.
Es umfasst Bücher und Spiele, die Kindern mit viel Spaß die bunte Welt der Kultur eröffnen: Kunst, Architektur, Archäologie und Kulturgeschichte, Technik, Tiere, Musik, Oper, Theater und Tanz.
Die BILDERBANDE macht Bücher zum Entdecken, Geschichten zum Vorlesen und Spiele.

Deutsche Ausgabe © 2024 E. A. Seemann Verlag in der E. A. Seemann Henschel GmbH & Co. KG, Leipzig
seemann-henschel.de
instagram.com/seemann_henschel_verlagsgruppe
facebook.com/seemann.henschel
pinterest.de/seemann_henschel

Erstmals veröffentlicht 2019 unter dem Titel *Earth-Shattering Events* von Cicada Books Ltd
© Cicada Books Limited
Text: Robin Jacobs
Illustration: Sophie Williams

Projektleitung: Caroline Keller
Übersetzung: Ute Löwenberg, Düsseldorf
Lektorat: Marla Domdey, Nele Warchhold
Satz: Gudrun Hommers, Berlin
Druck und Bindung: feingedruckt – Print und Medien, Neumünster

Bibliografische Information der Deutschen Nationalbibliothek
Die Deutsche Nationalbibliothek verzeichnet diese Publikation in der Deutschen Nationalbibliografie; detaillierte bibliografische Daten sind im Internet über http://dnb.dnb.de abrufbar.

ISBN 978-3-86502-516-6